CONTROLE DAS ELEIÇÕES

Virtudes e Vícios do Modelo Constitucional Brasileiro

Marcelo Roseno de Oliveira

CONTROLE DAS ELEIÇÕES

Virtudes e Vícios do Modelo Constitucional Brasileiro

Belo Horizonte

2010

Luís Cláudio Rodrigues Ferreira
Presidente e Editor

Coordenação editorial: Olga M. A. Sousa
Revisão: Adalberto Nunes Pereira Filho
Bibliotecária: Lissandra Ruas Lima – CRB 2961 – 6ª Região
Projeto gráfico: Walter Santos
Formatação: Juliana Vaz
Capa: Derval Braga
Foto da capa: Nelson Jr./ASICS/TSE

Av. Afonso Pena, 2770 – 15º/16º andares – Funcionários – CEP 30130-007
Belo Horizonte – Minas Gerais – Tel.: (31) 2121.4900 / 2121.4949
www.editoraforum.com.br – editoraforum@editoraforum.com.br

O48c Oliveira, Marcelo Roseno de

Controle das eleições: virtudes e vícios do modelo constitucional brasileiro / Marcelo Roseno de Oliveira. Belo Horizonte: Fórum, 2010.

131 p.
ISBN 978-85-7700-354-9

1. Direito eleitoral. 2. Direito constitucional. I. Título.

CDD: 341.28
CDU: 342.8(81)

Informação bibliográfica deste livro, conforme a NBR 6023:2002 da Associação Brasileira de Normas Técnicas (ABNT):

OLIVEIRA, Marcelo Roseno de. *Controle das eleições*: virtudes e vícios do modelo constitucional brasileiro. Belo Horizonte: Fórum, 2010. 131 p. ISBN 978-85-7700-354-9.

A Mirla, Caio e João Davi, com amor e ternura.
Aos meus pais e irmãos, pelo exemplo e apoio.
Ao estimado amigo Roberto Jorge, com o pesar
por sua prematura partida.

Agradecimentos

A concretização de mais uma vitória em minha vida acadêmica somente se tornou possível graças à confiança que recebi do eminente Desembargador Ademar Mendes Bezerra, que me indicou, no final de 2005, para desempenhar as honrosas funções de Juiz Coordenador da Escola Superior da Magistratura do Estado do Ceará, por ele então dirigida. Exercendo a magistratura no interior alencarino, mais especialmente nas ensolaradas Jaguaretama (o Riacho do Sangue, berço de Adolfo Bezerra de Menezes) e Nova Jaguaribara (a "Cidade construída"), jamais reuniria as condições para cursar os créditos necessários à obtenção do título de mestre. A mudança, ainda que temporária, para a Capital abriu as portas para essa realização, daí por que registro meu sincero agradecimento.

Externo também gratidão ao Professor Doutor José Filomeno de Moraes Filho, pela disponibilidade e segura orientação neste e em outros trabalhos acadêmicos, bem como por haver confiado, desde o primeiro momento, na proposta da pesquisa.

Aos Professores Vianney Mesquita, da UFC e Academia Cearense de Língua Portuguesa, e Núbia Maria Garcia Bastos, da UNIFOR, pela revisão e sugestões. À Professora Doutora Lília Sales, Coordenadora do PPGD, pelo constante incentivo.

À Professora Doutora Gina Vidal Marcílio Pompeu e ao Professor Doutor Menelick de Carvalho Netto, por haverem aceitado avaliar o trabalho. As impressões colhidas foram, por certo, de grande valia para o aprimoramento do resultado final da pesquisa.

A todos os colegas da Turma 8 do Mestrado em Direito Constitucional, e a todos os professores, pelos enriquecedores debates e pelo prazeroso convívio no retorno aos bancos da Universidade.

Registro, por fim, meu agradecimento à Universidade de Fortaleza, onde me fiz profissional do Direito. Quase duas décadas se foram desde 1992, quando ingressei no curso de graduação. Encerra-se mais um capítulo de minha história na UNIFOR, o que não representa, contudo, qualquer rompimento.

A saúde das democracias, independentemente de seu tipo e grau, depende de um pequeno detalhe técnico: o procedimento eleitoral. Tudo o mais é secundário. Se o sistema de comícios é o certo, se está ajustado à realidade, tudo vai bem; caso contrário, mesmo que o resto funcione maravilhosamente, tudo vai mal.

(ORTEGA Y GASSET, José. *A rebelião das massas.* 2. ed. Tradução de Marylene Pinto Michael. São Paulo: Martins Fontes, 2002. p. 193)

Sumário

Introdução

A realização de eleições periódicas posta-se na base de qualquer sistema político democrático. Como lembra Robert Dahl, a democracia exige eleições livres, justas e *frequentes*, reclamando do fato de que os eleitores possam ir às urnas sem medo de repressão (liberdade); que todos os votos sejam contados igualmente (justiça), mas também que as consultas sejam realizadas de forma periódica, possibilitando que os cidadãos mantenham "o verdadeiro controle sobre os funcionários eleitos".[1]

Mesmo os que acolhem o sufrágio em sua acepção restrita — limitado ao direito de votar e ser votado — não devem olvidar que, como direito fundamental, assume ele dimensão objetiva,[2] manifestando-se, segundo Manuel Aragón, como o princípio mais básico ou nuclear do Estado Democrático, viabilizando a democracia representativa, de modo que "dificilmente se pode aceitar que haja representação sem eleição, nem limitação do poder sem eleições periódicas".[3]

A prática eleitoral não é, por certo, suficiente para caracterizar um regime como democrático, todavia o "componente politicista", como anota O'Donnell, se mostra rigorosamente necessário, daí ser impossível identificar como democrática uma nação que não realize "eleições competitivas regularmente programadas".[4]

---

[1] DAHL, Robert A. *Sobre a democracia*. Brasília: Ed. UnB, 2001. p. 109-110. Assinala o autor: [...] "eleições livres e justas não são o bastante. Imagine eleger representantes para um período de — digamos — vinte anos! Se os cidadãos quiserem manter o *controle final sobre o planejamento*, as eleições também devem ser freqüentes" (grifos do original).

[2] Sobre o conceito de sufrágio, em suas acepções ampla e restrita, bem como acerca dos direitos políticos como direitos fundamentais, nas dimensões subjetiva e objetiva, conferir OLIVEIRA, Marcelo Roseno de. *Direito eleitoral*: reflexões sobre temas contemporâneos. Fortaleza: ABC, 2008. p. 49-98.

[3] ARAGÓN, Manuel. Derecho de sufrágio: principio y función. *In*: NOHLEN, Dieter *et al.* (Comp.). *Tratado de derecho electoral comparado de América Latina*. 2. ed. México: FCE, Instituto Interamericano de Derechos Humanos, Universidad de Heidelberg, International IDEA, Tribunal Electoral del Poder Judicial de la Federación, Instituto Federal Electoral, 2007. p. 162-177, p. 165. Tradução livre de: [...] "difícilmente puede aceptarse que haya representación sin elección, ni limitación temporal del poder sin elecciones periódicas". Lembra, ainda, o autor, que: "Otra función del sufragio es producir una específica limitación del poder: la limitación en el tiempo, la limitación temporal, en la medida en que no es concebible el sufragio democrático si no es periódicamente ejercitable, esto es, si la representación no lo es por periodo limitado. Elecciones libres equivalen, entre otras cosas, a elecciones periódicas. La limitación temporal del poder, junto a la funcional (división de poderes) y la material (derechos fundamentales) constituyen el presupuesto del Estado liberal democrático" (p. 175).

[4] O'DONNELL, Guillermo. Poliarquias e a (in)efetividade da lei na América Latina: uma conclusão parcial. *In*: MÉNDEZ, Juan E.; O'DONNELL, Guillermo; PINHEIRO, Paulo Sérgio (Org.). *Democracia,*

Indo além, se pode afirmar que, tanto quanto a habitualidade das consultas, é fundamental que elas apresentem resultados confiáveis, fidedignos, legitimando a investidura dos eleitos mediante a revelação da *verdade eleitoral*, do que depende a própria manutenção do regime democrático. Neste sentido, lembra Marcello Baquero que: "Como o conceito [de democracia] existente se fundamenta na noção de representatividade, o seu fortalecimento depende da confiança depositada pelos cidadãos nos processos eleitorais e nos sistemas de construção partidária".[5]

É certo que a confiança, frustrada, de que a democracia política iria representar melhorias das condições de vida da população acarretou o que se costuma denominar de "desencanto democrático", bem assim que se tornou corrente a ideia de que a democracia representativa está em crise.[6] Ainda assim, não se pode opor dúvida

---

violência e injustiça: o não-Estado de direito na América Latina. São Paulo: Paz e Terra, 2000. p. 337-373, p. 338. Na mesma linha, ressaltando a imprescindibilidade do componente político-eleitoral, conferir DUVERGER, Maurice. *Os regimes políticos*. Tradução de Geraldo Gerson de Souza. 2. ed. São Paulo: Difusão Européia do Livro, 1966. p. 23: "Longe de se oporem na essência, a democracia política e a democracia social, ao contrário, se completam: pode-se até pensar que a verdadeira democracia só poderá ser realizada com a conjunção das duas"; e HOBSBAWN, Eric. *Globalização, democracia e terrorismo*. São Paulo: Companhia das Letras, 2007. p. 98: "Com efeito, na oratória política do nosso tempo, que em sua quase totalidade pode ser descrita nas palavras do grande *Leviatã* de Thomas Hobbes, como 'discurso insignificante', o termo 'democracia' tem como significado esse modelo-padrão de Estado; e isso significa um Estado constitucional, que oferece a garantia do império da lei e de vários direitos e liberdades civis e políticas e é governado por autoridades, que devem necessariamente incluir assembléias representativas, eleitas por sufrágio universal e por maiorias numéricas entre todos os cidadãos, em eleições realizadas a intervalos regulares entre candidatos e/ou organizações que competem entre si".

[5] BAQUERO, Marcello. Democracia, cultura e comportamento político: uma análise da situação brasileira. *In*: PERISSINOTTO, Renato Monseff; FUKS, Mario (Org.). *Democracia*: teoria e prática. Rio de Janeiro: Relume Dumará, 2002. p. 105-138, p. 105-106. Conferir também CAGGIANO, Mônica Herman Salem. *Direito parlamentar e direito eleitoral*. Barueri, SP: Manole, 2004. p. 74: "Com efeito, em panoramas democráticos as eleições competitivas comparecem em cenário político decisional como fonte de legitimidade dos governantes, concorrendo para assegurar a constituição de corpos representativos, de sua parte, qualificados pela legitimação do voto popular. Demais disso, atuam como instrumento para, por um turno, promover o controle governamental e, por outro, expressar a confiança nos candidatos eleitos"; e MIRANDA, Jorge. Povo, democracia, participação política. *Revista Latino-Americana de Estudos Constitucionais*, Fortaleza, n. 8, p. 17-49, 2008: "Na democracia representativa — a democracia directa, mera fórmula teórica, não interessa — o modo por excelência de o povo formar e manifestar a sua vontade (e, portanto, o modo mais característico de participação política) torna-se a eleição. O exercício do sufrágio não é aqui algo de secundário, nem fica (a despeito de o ponto ser duvidoso) fora do Estado; o sufrágio, a eleição, é a forma por que os cidadãos exercem o poder político, a acrescer àquelas por que o exercem os governantes".

[6] Como anota BENEVIDES, Maria Victoria de Mesquita. *A cidadania ativa*: referendo, plebiscito e iniciativa popular. 3. ed. São Paulo: Ática, 1998. p. 25: "A ideia da representação tornou-se, na prática, coerente com aquele tipo de crítica que a denuncia como 'representação teatral do poder perante o povo', e não como 'representação do povo perante o poder'. É justamente por isso que, a meu ver, uma das deficiências mais sentidas na representação política no Brasil consiste na *total ausência de responsabilidade efetiva dos representantes perante o povo* (existem pouquíssimos mecanismos jurídicos para fazer atuar essa responsabilidade — e nunca são aplicados)". No caso brasileiro, outros fatores são comumente alinhados como responsáveis pela crise: vícios decorrentes de uma tradição oligárquica incontestável (afronta aos ideais republicanos, conduzindo à privatização da política); estelionato político; ausência de prestação de contas (*accountability*); ausência do *recall* (revogação

fundada quanto a ser a democracia o melhor regime político,[7] que se tem consolidado nas diversas nações com a realização de eleições livres e competitivas, cujos resultados, especialmente nos últimos anos, na América Latina, são pouco questionados e privam da confiança dos cidadãos.[8]

No Brasil, tendo a Constituição Federal de 1988 atribuído dimensão estruturante ao princípio democrático-político,[9] alinhando a ideia de que a soberania popular será exercida por meio de representantes eleitos e mediante mecanismos de participação direta, bem assim erigindo o voto periódico à condição de cláusula pétrea (art. 60, §4º), vê-se que a realização de eleições habituais assume papel essencial na consecução dos valores do Estado Democrático de Direito consagrado pela ordem constitucional.[10]

---

de mandatos). A solução estaria, para alguns, no fortalecimento dos mecanismos de participação direta, fortalecendo a democracia participativa, como defendem Boaventura de Sousa Santos e Paulo Bonavides. Conferir BONAVIDES, Paulo. *Teoria constitucional da democracia participativa.* 2. ed. São Paulo: Malheiros, 2003. p. 41: "Mas a aplicabilidade dessas técnicas [participativas estatuídas na Constituição: o plebiscito, o *referendum* e a iniciativa popular] tem sido bloqueada e negada ao povo, à nação, à soberania, por obra de um esbulho. Quem fez porém esse esbulho senão as elites do poder, os usurpadores da vontade popular, a classe representativa parlamentar, enfim aquelas camadas de políticos e administradores da classe dominante? Se isto não houvesse ocorrido estaríamos, de certo modo, fora dos sorvedouros da crise constituinte, uma crise moral e institucional debilitadora das funções executivas, judicantes e legislativas. E teríamos, de certo modo, dado outro encaminhamento a esta Nação, alterando-lhe provavelmente o destino. A fidelidade aos artigos 1º e 14 da Constituição, que ora se impetra, configura, por sem dúvida, o começo de uma antecipação material da democracia participativa, democracia de liberdade e libertação". Oportuno, contudo, recordar a advertência formulada por SANTOS, Wanderley Guilherme dos. *O paradoxo de Rousseau*: uma interpretação democrática da vontade geral. Rio de Janeiro: Rocco, 2007. p. 10: "Muitos cidadãos, preocupados com a qualidade da democracia, expressam de boa-fé grandes expectativas a propósito de mecanismos complementares de democracia direta. Tais mecanismos, entretanto, devem estar permanentemente submetidos ao confronto conciliatório tendo em vista a capacidade produtiva (destrutiva) que detêm. São instrumentos relevantes e potencialmente úteis, sem dúvida. Mas são, essencialmente, omnifuncionais, tanto servem à democracia como podem beneficiar tiranias. Tenho uma preferência clara: sou, em primeiro lugar, favorável à democracia; subsidiariamente, aceito discutir os méritos efetivos de quaisquer novos instrumentos de participação política. Há mecanismos que, por malícia de utilização, comprometeriam a operação falível, porquanto humana, das instituições democráticas. Sou contra estes".

[7] Cf. GENRO, Tarso. Crise democrática e democracia direta. *In*: ROSENFIELD, Denis L. (Ed.). *Democracia e política.* Rio de Janeiro: Jorge Zahar, 2003. p. 9-23, p. 11: "Uma visão otimista da democracia contrasta hoje com um certo senso comum, preventivamente pessimista, de uma parte significativa da intelectualidade, que não cansa de reiterar que a 'democracia está em crise'. É certo que o *regime democrático* está em crise, pela forma histórico-concreta que a idéia democrática adquiriu, mas a sentença 'a democracia está em crise' não é nada verdadeira quando pretende se referir à crise da *idéia democrática*: não há crise da vontade de liberdade política dos modernos nem da pretensão de igualdade".

[8] Cf. THOMPSON, José. Reforma electoral en América Latina: tendencias y perspectivas. *Cuadernos de CAPEL*, San José, Costa Rica, v. 54, p. 13-23, 2008.

[9] Cf. MORAES, Filomeno. A Constituição do Brasil de 1988 e a reforma política. *In*: ROCHA, Fernando Luiz Ximenes; MORAES, Filomeno (Coord.). *Direito constitucional contemporâneo*: estudos em homenagem ao Professor Paulo Bonavides. Belo Horizonte: Del Rey, 2005. p. 173-187.

[10] Cf. PONTES FILHO, Valmir. Constituição e legislação eleitoral: necessidade de sua permanência. *In*: VELLOSO, Carlos Mário da Silva; ROCHA, Cármen Lúcia Antunes (Coord.). *Direito eleitoral.* Belo Horizonte: Del Rey, 1996. p. 195-199, p. 198: "De efeito, num Estado que se afirma *democrático*

Nessa perspectiva, crescem em importância as tarefas estatais de *execução dos pleitos* — a envolver desde a organização do cadastro eleitoral até a coleta de votos e publicação dos resultados —; e de *exercício do controle*[11] *das eleições*, ou seja, verificação da regularidade das consultas populares, validação dos resultados, julgamentos das controvérsias eleitorais, de modo a que se alcance a proclamação, em caráter definitivo, da higidez da eleição e, por conseguinte, dos eleitos.

Observa-se, porém, que o estudo dos sistemas de controle das eleições não tem merecido maior atenção da doutrina brasileira, seja no campo do Direito Eleitoral ou da Ciência Política. Poucos são os trabalhos científicos que se preocupam em examinar a variedade de modelos adotados pelas diversas nações, notadamente quanto ao cotejo em relação ao aplicado no Brasil desde 1932, quando se instituiu o sistema de *jurisdição especializada, exercido por um ramo do Poder Judiciário*, atualmente previsto nos arts. 118 e seguintes da Constituição Federal.[12]

---

de direito e cujo governo é *republicano*, o *poder político*, de origem popular, passa a ser exercido pelos seus representantes legitimamente escolhidos em processos eleitorais, nos quais o voto há de ser direto, secreto, universal e periódico. Não o *poder soberano*, bem entendido, porque este, insubmisso a qualquer regramento jurídico anterior, já o foi quando da elaboração originária da *Lex Fundamentalis*, mas o poder-competência, por ela mesma regulado juridicamente (afinal, a Constituição é a regra que transforma o *poder* em *competência*). E para que assim o seja, o processo de escolha desses representantes do povo — quer para os órgãos legislativos, quer para os executivos — deve merecer por parte dos que o instituem, cuidado extremo" (grifos do original). Sobre a relação entre democracia e constitucionalismo, conferir CARVALHO NETTO, Menelick de. Racionalização do ordenamento jurídico e democracia. *Revista Brasileira de Estudos Políticos*, Belo Horizonte, n. 88, p. 81-108, dez. 2003: "É fácil verificar que, de fato, quanto mais democrático é um regime político, tanto mais a vontade popular impera e, portanto, tanto menos limites constitucionais são impostos a essa vontade e a suas decisões. Por outro lado, quanto mais limites constitucionais houver, tanto mais estreita é a possibilidade de se dar livre curso a tal vontade; tanto menos campo é deixado à deliberação dos representantes da vontade popular eleitos para o exercício cotidiano da tomada de decisões. [...] Se, por um lado, democracia e constitucionalismo efetivamente se opõem, se esses dois conceitos operam, eles próprios, efetivamente como princípios opostos, como princípios contrários, e há, de fato, uma grande tensão entre eles, por outro lado, é fundamental ter-se em conta que, ainda que contrários, não se contradizem, mas, ao invés, supõem-se mutuamente. [...] Ao contrário da abordagem tradicional, podemos ver agora que esses princípios são simultânea a reciprocamente constitutivos um do outro, pois instauram uma tensão rica, complexa e produtiva sem a qual não pode haver nem democracia nem constitucionalismo" (p. 82-83).

[11] Sobre o *controle* como categoria constitucional, conferir PEREIRA, Rodolfo Viana. *Direito constitucional democrático*: controle e participação como elementos fundantes e garantidores da constitucionalidade. Rio de Janeiro: Lumen Juris, 2008a.

[12] Dentre as raras contribuições, merecem referência: SADEK, Maria Tereza Aina. *A justiça eleitoral e a consolidação da democracia no Brasil*. São Paulo: Fundação Konrad Adenauer, 1995; PAULA FILHO, Afranio Faustino de. *Sistemas de controle do processo eleitoral*. Rio de Janeiro: Lumen Juris, 1998; e, mais recentemente, PEREIRA, Rodolfo Viana. *Tutela coletiva no direito eleitoral*: controle social e fiscalização das eleições. Rio de Janeiro: Lumen Juris, 2008b; e MARCHETTI, Vitor. Governança eleitoral: o modelo brasileiro de justiça eleitoral. *Dados*: Revista de Ciências Sociais, Rio de Janeiro, v. 51, n. 4, p. 865-893, 2008.

Os compêndios sobre o Direito Eleitoral brasileiro, com exceção das clássicas obras de Fávila Ribeiro[13] e Pinto Ferreira,[14] não revelam maior preocupação em delinear os variados sistemas de verificação da regularidade dos pleitos, cingindo-se a esquadrinhar o modelo brasileiro, como se fora o único.

Com efeito, o leitor que se inicie no estudo do Direito Eleitoral será induzido, nas mais das vezes, a concluir apressadamente que as eleições nas diversas nações democráticas se realizam mediante atuação de um órgão do Poder Judiciário ("Justiça Eleitoral"),[15] ignorando a diversidade de sistemas vigentes.

A tibieza da doutrina nacional assoma evidente quando se têm em conta os diversos estudos sobre o tema (especialmente quanto ao que se costuma identificar como *contencioso eleitoral*) formulados em outros países da América Latina, dentre os quais o México, onde há clara preocupação com a elaboração de análises de Direito comparado.[16]

---

[13] RIBEIRO, Fávila. *Direito eleitoral*. 4. ed. Rio de Janeiro: Forense, 1996.

[14] FERREIRA, Pinto. *Princípios gerais do direito constitucional moderno*. 5. ed. São Paulo: Revista dos Tribunais, 1971. t. I. Conferir também FERREIRA, Pinto. *Código Eleitoral comentado*. 5. ed. São Paulo: Saraiva, 1998.

[15] A expressão tem sido usada na doutrina estrangeira para identificar o que comumente se denomina de contencioso eleitoral. Cf. a propósito LARA SÁENZ, Leoncio. Estudio de derecho comparado sobre lo contencioso y la jurisprudencia electoral Italia. *In*: *El contencioso y la jurisprudência electorales em derecho comparado*: un estudio sobre veintiún países de América y Europa. México: Tribunal Electoral del Poder Judicial de la Federación, 2006. p. 283-324, p. 305-306: "Finalmente sería conveniente dejar sentado que en su connotación más aceptada el concepto de justicia electoral se refiere al conjunto de medios jurídicos y recursos técnicos que se utilizan para garantizar la regularidad de las elecciones y para corregir errores o infracciones electorales, medios que se utilizan para garantizar el derecho al sufragio, o sea, a elegir o a ser elegido para desempeñar un cargo de representación popular, y que se han establecido a favor de los ciudadanos, los candidatos y los partidos políticos". No mesmo sentido, cf. OROZCO HENRÍQUEZ, J. Jesús. Sistemas de justicia electoral en el derecho comparado. *In*: OROZCO HENRÍQUEZ, J. Jesús (Coord.). *Sistemas de justicia electoral*: evaluación y perspectivas. México: IFE, PNUD, UNAM, IIJ, IFES, IDEA International, TEPJF, 2001. p. 45-58. No presente livro, contudo, será ela empregada para identificar especificamente sistemas de controle de jurisdição especializada, como ocorre no Brasil.

[16] Conferir, dentre outros: ZOVATTO, Daniel; OROZCO HENRÍQUEZ, J. Jesús. *Reforma política y electoral en América Latina 1978-2007*: lectura regional comparada. México: Instituto de Investigaciones Jurídicas de la UNAM, 2007; *El contencioso y la jurisprudência electorales en derecho comparado*: un estudio sobre veintiún países de América y Europa. México: Tribunal Electoral del Poder Judicial de la Federación, 2006; JARAMILLO, Juan. Los órganos electorales supremos. *In*: NOHLEN, Dieter *et al.* (Comp.). *Tratado de derecho electoral comparado de América Latina*. 2. ed. México: FCE, Instituto Interamericano de Derechos Humanos, Universidad de Heidelberg, International IDEA, Tribunal Electoral del Poder Judicial de la Federación, Instituto Federal Electoral, 2007. p. 371-436; OROZCO HENRÍQUEZ, J. Jesús. El contencioso electoral, la calificación electoral. *In*: NOHLEN, Dieter *et al.* (Comp.). *Tratado de derecho electoral comparado de América Latina*. 2. ed. México: FCE, Instituto Interamericano de Derechos Humanos, Universidad de Heidelberg, International IDEA, Tribunal Electoral del Poder Judicial de la Federación, Instituto Federal Electoral, 2007. p. 1152-1288. Neste último, adverte o autor que: "en contraste con la proliferación de estudios — frecuentemente desde la perspectiva de la ciencia política — sobre sistemas electorales, partidos políticos, organización de elecciones y temas similares referentes a la región, se aprecia una escassez de trabajos jurídicos sobre los regímenes electorales latinoamericanos; cuando más, se cuenta con unos cuantos estúdios que aluden a los aspectos orgânicos, estructurales y funcionales de los organismos encargados de

O reduzido interesse pode ser atribuído ao fato de se conviver, no Brasil, com um modelo consolidado e que se apresenta, aos olhos da opinião pública, como bem-sucedido,[17] tendo passado, ao menos quanto à estrutura dos organismos eleitorais, por alterações pouco substanciais desde sua implantação — ao contrário do México, por exemplo, que instalou o modelo de jurisdição especializada, de forma definitiva, em 1996, quando a qualificação da eleição presidencial passou a ser competência da Sala Superior do *Tribunal Electoral del Poder Judicial de la Federación*.[18]

As virtudes do modelo brasileiro, contudo, não devem desencorajar os esforços da comunidade acadêmica no sentido de, com suporte no Direito comparado, ofertar contribuições para o aperfeiçoamento do sistema de controle das eleições, máxime quando em conta os benefícios que tal acarretará para o fortalecimento do regime democrático.

Ademais, não se pode perder de vista a noção de que, embora virtuoso, o modelo jurisdicional adotado no país há mais de setenta anos ainda carece de aperfeiçoamentos.

A implantação do sistema informatizado de votação e apuração (que permite a divulgação imediata de resultados), universalizado desde 2000 e hoje apontado como paradigma, representou inegável avanço para a tarefa de coletar votos, garantindo, ao lado de medidas rígidas de controle do cadastro de eleitores, agilidade e confiabilidade das eleições, assegurando que as manifestações nas urnas serão consideradas e se transformarão em mandatos.

O aperfeiçoamento do sistema de coleta de votos, contudo, não é suficiente, reclamando-se, por outro lado, um modelo de controle das eleições consentâneo com as aspirações democráticas, aliando à rapidez e confiabilidade dos resultados o emprego de *meios*

---

la administración y vigilância de los procedimentos electorales, pero en general se percibe una ausencia de trabajos que pongan énfasis em los aspectos técnico-jurídicos relacionados con el contencioso electoral, menos aún de alguno que arroje información estadística sobre el sentido de las resoluciones de los órganos competentes sobre el particular (entre esos pocos trabajos, si bien referidos a um solo país, se encuentram el de Arenas, Ávila, Orozco Henríquez y Silva, 2003, así como, desde una persepectiva más sociopolítica, Eisenstadt, 2004. p. 1152-1153)".

[17] O fenômeno também é identificado em outros países, conforme indica TUESTA SOLDEVILLA, Fernando. Un debate pendiente: el diseño garantista de los organismos electorales. *In*: NÚÑEZ REYNOSO, José; BARQUERA Y ARROYO, Hermínio Sánchez de la (Coord.). *La democracia en su contexto*: estudios en homenaje a Dieter Nohlen em su septuagésimo aniversario. México: Instituto de Investigaciones Jurídicas de la UNAM, 2009. p. 139-155: "El diseño de los organismos electorales no se profundizó debido, en parte, a que América Latina mostro grandes avances en el desarrollo de procesos electorales confiables".

[18] Outras experiências recentes de criações de tribunais eleitorais na América Latina ocorreram no Paraguai, em 1995, quando instituído o *Tribunal Superior de Justicia Electoral*, e na Venezuela, em 1999, quando criada a *Sala Electoral del Tribunal Supremo de Justicia*.

de combate ao abuso e à corrupção na fase de captação de votos, garantindo, assim, o exercício legítimo da soberania popular.

Nessa perspectiva, é assentado, desde logo, o fato de que a busca pela lisura da eleição não se deve limitar a aspectos meramente formais, circunscritos à garantia da correção na apuração dos resultados (contagem de votos). A veracidade dos resultados, conquanto importante, não é suficiente, de modo que se exige um sistema de controle eficaz, que atue tanto, ou com maior força, no sentido de garantir a lisura do *processo de formação da vontade do eleitor*, tolhendo o abuso de poder (econômico, político, dos meios de comunicação etc.), evitando a ilícita captação de votos e o agravamento do desequilíbrio entre os contendores, já claramente perceptível ante a ausência de limitação dos gastos de campanha.[19]

É inútil garantir a fidedignidade dos resultados se a vontade eleitoral se manifesta de forma viciada, mormente em países como o Brasil, onde o ideal democrático ainda encontra dificuldades de realização.[20] Tal fato atenta contra a soberania popular. A democracia que nesse passo se constitui é frágil, dissimulada e por vezes efêmera, pois voltada a garantir a dominação por parte de facções políticas que se pretendem perpetuar na gestão do Estado, reforçando-lhe o viés patrimonialista.

---

[19] Cf. LIMA, Martônio Mont'Alverne Barreto. Institucionalização e financiamento de campanha. *In*: *Curso reforma política*: novos caminhos para a governabilidade. Fortaleza: Fundação Demócrito Rocha, 2006. v. 11: "Enquanto vigore o sistema de mercado, a democracia não deixará de ser presa fácil do poder econômico. Por mais que reivindicações modernizantes ou parcialmente capazes de reduzir a atuação do poder econômico nas eleições exibam algum resultado, o poder econômico não abandonará sua tentação de influir nos resultados". É importante lembrar que, embora prevista na Lei nº 9.504/97 (art. 17-A, introduzido pela Lei nº 11.300/06), a limitação de gastos de campanha ainda não foi efetivada no Brasil.

[20] Cf. MORAES, Filomeno. A Constituição da República Federativa do Brasil. *In*: *Curso reforma política*: novos caminhos para a governabilidade. Fortaleza: Fundação Demócrito Rocha, 2006. v. 1: "Evidentemente, no Brasil as dificuldades para a realização da democracia são grandes. Sobretudo, porque aqui, em primeiro lugar, a sociedade está substancialmente marcada por desequilíbrios socioeconômicos e por um elevado grau de iniqüidade social. E, em segundo, porque é uma sociedade que se caracteriza por um evidente componente autoritário, com uma história pontilhada por manifestações de sentimento anti-representativo". Conferir também MORAES, Filomeno. Reforma e pluralismo políticos. *In*: BARBOSA, Edmilson. *Democracia e Constituição*: estudos em homenagem ao Professor Dimas Macedo. Fortaleza: Edições UFC, 2008. p. 151-166. Ao aludir às "distorções no funcionamento das instituições políticas brasileiras", afirma o autor que: "Outro ponto relevante concerne à relação problemática entre dinheiro e política e sua conseqüência mais direta, a corrupção. No caso, há que se despender engenho e arte no sentido da reconfiguração do papel da Justiça Eleitoral e, também, de instituições como a Receita Federal e o Banco Central, fornecendo-lhes apetrechos mais eficientes para o exercício da fiscalização do uso e abuso do poder econômico. De fato, apesar de a República no Brasil já ter completado um século de existência formal, é patente a baixa institucionalização do princípio republicano entre nós, o que tem feito da mesma mais *cosa nostra* (para as elites que tradicionalmente têm dominado o Estado) do que *res publica*, pois, de modo geral, se vêem muito indicadores da pouca distinção entre o 'público' e o 'privado'".

Assoma, portanto, de inegável relevo para qualquer nação que pretenda viver sob a égide de uma democracia efetiva que confie a missão do controle do processo eleitoral a uma instituição reta, imparcial e comprometida com os relevantes valores públicos versados nos pleitos — perfil que em alguns países, por motivos claros, ligados à própria razão de sua existência e do papel constitucional que se lhe confia, tem sido identificado no Poder Judiciário — e, mais do que isso, que a atuação de tal organismo transcenda à mera verificação de correção dos resultados.

No caso do Brasil, razões históricas relacionadas ao ambiente verificado quando da criação da Justiça Eleitoral parecem conduzir, ainda hoje, a que o sistema de controle das eleições registre preocupação preponderante com a garantia da verdade das urnas sob o ponto de vista formal.[21] *Assegurar a lisura dos pleitos* — ou, em outras palavras, que o voto dado fosse contado — foi o propósito que orientou a instituição da Justiça Eleitoral (e justificou que a ela se atribuísse, além de funções contenciosas, a tarefa de administrar as eleições), o que, durante a República Velha (1889-1930), era quase impensável diante do amplo espectro de fraudes cometidas.

O sistema jurisdicional, assim, foi instituído e se aperfeiçoou no Brasil sob a premência de garantir a correção dos resultados. Tem-se olvidado, contudo, a necessidade de que atue de forma decisiva para assegurar a lisura do processo de formação da vontade do eleitor, o que passa, é certo, pela edição de arcabouço legislativo que assegure o instrumental exigido para tanto, mas também por uma atuação mais efetiva dos agentes estatais incumbidos do controle das eleições.[22]

---

[21] Em países como a Alemanha, por exemplo, a preocupação em assegurar a lisura dos pleitos assume menor relevo, uma vez que, como anota NOHLEN, Dieter. La calificación electoral en Alemania Federal. *In*: *El contencioso y la jurisprudência electorales en derecho comparado*: un estudio sobre veintiún países de América y Europa. México: Tribunal Electoral del Poder Judicial de la Federación, 2006. p. 3-18, p. 6: "El proceso electoral se basa en la confianza de todos en su buen funcionamiento. Se supone la ausencia de fraude electoral. Ni los actores políticos ni la opinión pública tienen la idea de que el proceso electoral o parte de él es fraudulento. Por cierto no se descarta la posibilidad de irregularidades, ni fallas técnico-administrativas que lesionen las normas legales, ya que las elecciones constituyen el mayor proceso administrativo que enfrenta la administración pública; pero se supone que éstas no son ni graves ni políticamente intencionadas de manera de infringir principios constitucionales y la legitimidad del acto electoral".

[22] Cf. SALGADO, Eneida Desiree. *Princípios constitucionais eleitorais*. Belo Horizonte: Fórum, 2010. p. 19: "A visão da Justiça Eleitoral sobre a autenticidade eleitoral é desconcertante. Há uma preocupação quase obsessiva com o escrutínio e, atualmente, com a identificação do eleitor, buscando acabar com as fraudes no momento da votação e na contagem dos votos, custe o que custar. Esse desassossego não se repete, no entanto, quanto à formação do voto. Não obstante sua preocupação com o 'voto consciente', objeto de campanhas institucionais, os abusos não são coibidos de maneira efetiva".

Esta obra é elaborada, portanto, na perspectiva de identificar as principais características dos sistemas de controle do processo eleitoral, com ênfase na modalidade jurisdicional, cuja adoção aufere força nas diversas nações democráticas, examinando com vagar o modelo brasileiro, realçando suas virtudes e vícios.

No primeiro capítulo, se busca, fundamentalmente, delinear os sistemas de controle das eleições, definindo os modelos parlamentar, jurisdicional, administrativo e misto, bem assim desenvolver a noção de contencioso eleitoral, que atualmente ocupa grande parte da literatura sobre os sistemas de qualificação.

O segundo segmento faz uma retrospectiva do sistema jurisdicional no Brasil, ressaltando os aspectos históricos que animaram a criação da Justiça Eleitoral e a crescente ingerência de juízes na execução e qualificação das eleições, em detrimento do controle político que se instalou desde a Constituição Imperial (1824) e que durou até o fim da 1ª República. Examina-se a evolução da Justiça Eleitoral no constitucionalismo brasileiro, especialmente quanto à composição de seus órgãos, alcançando-se o seu delineamento na Constituição Federal de 1988.

São investigadas algumas características do sistema brasileiro, como: ausência de magistratura de carreira; investidura temporária dos que são recrutados para o exercício da judicatura eleitoral; a cumulação de funções administrativas e jurisdicionais; o exercício das funções normativa e consultiva, além de aspectos relacionados à competência da Justiça Eleitoral.

No terceiro módulo, são confrontados os avanços do processo eletrônico de votação (agilidade das apurações/fidedignidade dos resultados) e as práticas viciosas que comprometem a lisura dos pleitos e a liberdade do eleitor.

Critica-se o controle do processo eleitoral exercido sob o ponto de vista meramente formal, ressaltando o papel da Justiça Eleitoral quanto ao resguardo da liberdade do eleitor. O capítulo aborda, ainda, o fenômeno da judicialização das eleições e uma possível atividade contramajoritária da Justiça Eleitoral.

Capítulo 1

Os Sistemas de Controle das Eleições

A realização de eleições periódicas faz crescer a importância da tarefa de organização ou execução dos pleitos. Desde a elaboração do cadastro de eleitores, constituição de mesas receptoras, coleta de votos até a apuração e publicação dos resultados, há relevantes atribuições a serem desempenhadas pelos órgãos incumbidos de administrar as consultas populares.

Além da periodicidade, o princípio democrático requer que os resultados eleitorais gozem de confiança (*free and fair elections*), sem o que será impossível assegurar a legitimidade da investidura dos mandatários. Em outras palavras, eleições *justas* pressupõem a regularidade dos atos e procedimentos eleitorais, de modo a assegurar a *verdade das urnas*.

Impossível, de fato, é admitir como verdadeiramente democrático — ao menos sob o ponto de vista da representação — um sistema político que não esteja fundado na lisura das eleições. A confiabilidade dos resultados compõe a base da democracia representativa, não obstante a ela se devam somar a competitividade entre os postulantes e, fundamentalmente, o amplo direito de sufrágio. É do que lembra Maria Tereza Aina Sadek, ao acentuar que um sistema político será tão mais democrático quanto menos restritivos forem os direitos à participação e à escolha entre ofertas políticas diferentes, e quanto mais capazes se mostrem de produzir efeitos na composição ou na orientação do poder. Adverte, porém, a autora, que:

> Embora exista estreita relação entre competitividade e confiabilidade, convém estabelecer uma distinção analítica entre estes dois aspectos, já que não se confundem. Eleições pouco competitivas podem coexistir com garantias eficazes no tocante à lisura do embate eleitoral. Inversamente, de pouco adiantam disputas competitivas se seus resultados não decorrem de garantias adequadas ao longo de todo o processo. A legitimidade de autoridades constituídas pelo método eleitoral depende, portanto, de pelo menos dois elementos: de um lado, o grau de competitividade e a possibilidade de as eleições fazerem realmente alguma diferença no que diz respeito à composição ou orientação do poder; de outro, a lisura do processo eleitoral, do começo ao fim.[23]

De nada adiantaria, por certo, garantir a realização de eleições sem a certeza de que os resultados seriam apurados com rigor e que respeitada seria a vontade emergente das urnas, daí recordar Cármen Lúcia Antunes Rocha o fato de que, na democracia representativa, a cidadania cresce ou diminui segundo o respeito que se tenha à vontade manifestada nos processos eleitorais: "Mais que o apreço à sociedade, o respeito à vontade do cidadão-eleitor é a manifestação mais verdadeira da garantia da liberdade do indivíduo".[24]

Neste ponto, é importante recordar a noção de que, segundo prestigiada doutrina, os atos do processo eleitoral[25] podem ser agrupados em três grandes etapas — *preparatória, constitutiva e integrativa de eficácia* —, assim definidas em Rodolfo Viana Pereira:

> A *primeira fase* compõe-se das operações que visam habilitar os atores políticos, informar o corpo eleitoral e criar a infra-estrutura necessária à recolha da vontade popular, tendo como atos principais o alistamento eleitoral e atualização do cadastro de eleitores, o registro dos candidatos e a campanha eleitoral; a *segunda fase* engloba a realização e a decodificação do sufrágio, comportando a votação,

[23] SADEK, 1995, p. 2.

[24] ROCHA, Cármen Lúcia Antunes. Justiça eleitoral e representação democrática. *In*: VELLOSO; ROCHA (Coord.), 1996, p. 377-392, p. 379.

[25] O emprego da expressão "processo eleitoral" busca distinguir, nesse caso, o "processo de formação e manifestação da vontade eleitoral, sendo o conjunto de atos e procedimentos ordenados desenvolvidos com a finalidade de obter a manifestação livre e eficaz da vontade do corpo eleitoral acerca da recomposição dos mandatos representativos", conforme define PEREIRA, Rodolfo Viana. *Tutela coletiva no direito eleitoral*: controle social e fiscalização das eleições. Rio de Janeiro: Lumen Juris, 2008b. p. 23, contrapondo-se ao emprego com o fim de identificar o "conjunto de atos e procedimentos ordenados desenvolvidos perante um órgão jurisdicional com o fim de solucionar um determinado litígio de natureza eleitoral".

> a apuração e a publicação dos resultados; e finalmente, a *terceira fase* prevê mecanismos que possam verificar se a manifestação da vontade apurada foi livre e desimpedida e, consequentemente, se os resultados a ela se adaptam, a fim de se reconhecer a eficácia definitiva da diplomação; seus atos principais são o controle jurisdicional (o contencioso *stricto sensu*) ou parlamentar (o sistema de "verificação dos poderes").[26]

A classificação favorece a exegese de que o controle incidiria cronologicamente no último instante, o que pode conduzir a equívocos, uma vez que também ocorre prévia ou concomitantemente às demais atividades.[27] Ainda que a ideia de atos sequenciados seja ínsita à própria noção de processo, não é correto cogitar no controle como uma etapa ou fase, exceto quando se esteja diante de um controle exclusivamente pós-eleitoral.

O critério é útil, porém, para que se fixe o entendimento de que a atuação dos organismos responsáveis pelo processo eleitoral pode ser dividida em duas grandes categorias de atividades — a *administração da eleição* (que envolve as atuações preparatória e constitutiva antes aludidas) e o *controle* (que abrange as tarefas voltadas a *atribuir eficácia à eleição*, ainda que não circunscritas a momento posterior à consulta).

O próprio ambiente da disputa na "arena eleitoral" conduz a que diversos litígios surjam no *correr do processo*, especialmente que impugnações sejam ofertadas, exercendo-se tarefa benfazeja de fiscalização das eleições. A resolução de tais conflitos envolve, em última análise, a verificação da própria regularidade dos pleitos, movida pelo propósito maior de assegurar a apuração da verdade eleitoral — embora não se olvide de que a tarefa de qualificar as eleições, verificando sua legitimidade, envolve também *atuação de ofício* dos organismos responsáveis pelo controle.

---

[26] *Ibid.*, 2008, p. 24.

[27] Criticável, neste ponto, a visão acolhida pelo autor no sentido de considerar como "contencioso jurisdicional propriamente dito" apenas o realizado após o pleito. Segundo afirma PEREIRA, 2008b, p. 27: "Os demais controles incidem sobre atos, em geral, de natureza administrativa, preliminares à manifestação da vontade do eleitorado e são, por isso, contenciosos de caráter *preventivo*, cujo objetivo é assegurar a liberdade e a autonomia de uma manifestação que, entretanto, figura apenas como *expectativa*. Ora, sendo a expressão do sufrágio um dos eixos centrais na realização do princípio representativo, seu ato político por excelência, o controle pós-escrutínio incide sobre sua manifestação concreta e a proteção jurisdicional representa a garantia *real* de que a vontade popular, agora palpável, tenha sido livre, autônoma e determinadora dos resultados obtidos". A visão é contrária à sustentada nesta obra, segundo a qual se propugna que o sistema de controle das eleições atue no *processo de formação da vontade do eleitor*.

Assim, tanto quanto a *administração* da eleição, há importante tarefa do Direito Eleitoral no sentido de *verificar a regularidade* das consultas, atuando para garantir que a vontade livre e soberana do eleitor seja respeitada, transformando-se em mandatos. Ambas formam "vias autônomas e complementares": a primeira representada pelo "aperfeiçoamento dos instrumentos preventivos da administração eleitoral"; e a segunda pelas "diversas expressões do controle das operações eleitorais, manifestações que constituem uma garantia suplementar ao bom desenvolvimento do processo eleitoral e que formam um corpo normativo cada vez mais amplo e rigoroso".[28]

Malgrado a autonomia entre tais categorias, não se pode perder de vista a noção de que se relacionam de forma permanente, de modo a permitir que o controle do processo eleitoral incida desde a fase preparatória das consultas, especialmente para o fim de reprimir abusos perpetrados em detrimento da vontade do eleitor.

Neste livro, a alusão aos sistemas de controle das eleições tem em conta a tarefa desenvolvida pelos organismos eleitorais para verificar a regularidade dos pleitos (inclusive mediante aferição da liberdade e independência da soberana manifestação da vontade do eleitor), validar os resultados, proclamando, em *caráter definitivo*, os eleitos, ou seja, atribuindo eficácia à eleição, sob o propósito maior de assegurar a observância dos valores constitucionais do Estado Democrático, para o que haverá o órgão responsável de atuar de ofício ou mediante provocação, apreciando as impugnações eventualmente ofertadas.

A noção de sistema de controle, com efeito, está relacionada aos diversos mecanismos utilizados para a *qualificação* das eleições. Sua finalidade essencial, segundo Orozco Henríquez, é a

> [...] proteção autêntica ou tutela eficaz do direito a eleger ou ser eleito para desempenhar um cargo público, mediante um conjunto de garantias aos participantes (partidos políticos e, sendo o caso, cidadãos e candidatos) com o fim de impedir que se possa violar a

[28] PEREIRA, 2008b, p. 122-123. Acentua o autor: "[...] para que se atinja um nível satisfatório de adequação entre a vontade manifestada nas urnas e a vontade real do corpo eleitoral, não basta a existência dessas diretivas normativas que regulam as vias pelas quais são formadas e sufragadas as opiniões. Como forma de garantir a boa execução dos procedimentos e coibir os atos atentatórios à normalidade eleitoral – passíveis de prática tanto pelos administradores eleitorais, como pelas autoridades estatais, concorrentes, eleitores e outros indiretamente envolvidos –, diversos sistemas de controle e instrumentos jurisdicionais de proteção foram criados no âmbito do Direito Comparado".

vontade popular, contribuindo para assegurar a legalidade, certeza, objetividade, imparcialidade, autenticidade, transparência e justiça dos atos e procedimentos eleitorais.[29]

Não obstante se trate de via autônoma em relação à administração (execução) das eleições, é equívoco concebê-lo como se incidisse cronologicamente em momento posterior, conforme alinhado. Com efeito, o controle pode incidir sobre atos relacionados à preparação das eleições, ao processo de formação da vontade do eleitor, ou ainda sobre os próprios resultados eleitorais.

Além disso, é fundamental assentar que os sistemas de controle do processo eleitoral não devem ser reduzidos ao que se costuma denominar de contencioso eleitoral. O controle a que se alude é mais amplo do que o contencioso, abrangendo-o. Ainda que o contencioso eleitoral ocupe importante posição nos sistemas de controle, é equívoco pretender igualá-los. É que a noção de contencioso eleitoral está umbilicalmente relacionada à existência de impugnação ou litígio, do que nem sempre se cogitará na tarefa de validar resultados e atestar a regularidade dos pleitos — a abranger, inclusive, a atuação de ofício — daí a pertinente lembrança de Orozco Henríquez no sentido de que

> [...] é possível e conveniente distinguir entre a verificação de poderes ou qualificação de eleições, consistente no exame de ofício (sem que haja impugnação) sobre a legalidade e validade de determinada eleição (concretamente, a respeito da regularidade de seus resultados ou quanto à satisfação dos requisitos de elegibilidade do candidato eleito), e a resolução ou o juízo que se forma diante da interposição de uma impugnação por supostas irregularidades em certa eleição, já que esta última é a que efetivamente tem caráter contencioso[30] [...]

[29] OROZCO HENRÍQUEZ, 2007, p. 1153. Tradução livre de: [...] "protección auténtica o tutela eficaz del derecho a elegir o ser elegido para desempeñar un cargo público, mediante un conjunto de garantías a los participantes (partidos políticos y, en su caso, ciudadanos y candidatos) a efecto de impedir que pueda violarse en su perjuicio la voluntad popular, contribuyendo a asegurar la legalidad, certeza, objetividad, imparcialidad, autenticidad, transparencia y justicia de los actos y procedimientos electorales".

[30] *bid.*, 2007, p. 1157. Tradução livre de: [...] "es posible y conveniente distinguir entre la verificación de poderes o calificación de elecciones, consistente en el examen de oficio (sin que medie impugnación) sobre la legalidad y validez de determinada elección (concretamente, respecto de la regularidad de sus resultados o en cuanto a la satisfacción de los requisitos de elegibilidad del candidato electo), y la resolución o juicio que recae ante la interposición de una impugnación por presuntas irregularidades en cierta elección, ya que esta última es la que efectivamente tiene carácter contencioso" [...]

Assim, se pode afirmar que o *controle das eleições* possui *vertente contenciosa*, caracterizada pela existência de mecanismos fiscalizadores e protetivos da apuração da verdade eleitoral (e que pressupõe litígio surgido em virtude do pleito), todavia é equívoco confundir qualificação das eleições e contencioso eleitoral. Este, é certo, ocupará papel de inegável relevo no controle do processo eleitoral (e mesmo no recrudescimento do chamado Direito Processual Eleitoral), entretanto não o esgotará.

Interessante é observar, neste tocante, que mais recentemente, por inspiração estadunidense, se há desenvolvido conceito ainda mais amplo do que o de controle das eleições (e, por conseguinte, de contencioso eleitoral), que é o de governança eleitoral (*electoral governance*), entendida como o "conjunto de regras e instituições que organizam a competição político-eleitoral", operando em três diferentes níveis: *rule making, rule application* e *rule adjudication*. Alinha Vitor Marchetti, em trabalho doutrinário sobre o tema, o fato de que:

> O *rule making* seria a escolha e a definição das regras básicas do jogo eleitoral. Nesse nível da governança eleitoral é que são determinados, por exemplo, a fórmula eleitoral, os distritos eleitorais, a magnitude das eleições, as datas em que serão realizadas e outras questões legais que permitam aos concorrentes a segurança de como o jogo será jogado. Aqui também são definidas algumas regras que pouca atenção recebem da literatura política, como as regras da (in)elegibilidade e da organização dos órgãos responsáveis pela administração das eleições.
>
> No *rule application*, temos a implementação e o gerenciamento do jogo eleitoral; por exemplo, o registro dos partidos, candidatos e eleitores, a distribuição das urnas, os procedimentos a serem adotados no dia das eleições e outras regras que garantam a transparência, a eficiência e a neutralidade na administração do jogo. Podemos dizer que é o nível da administração do jogo eleitoral.
>
> Por fim, pelo *rule adjudication* temos a administração dos possíveis litígios entre os competidores, o contencioso eleitoral. Ao dirimir e administrar as controvérsias na disputa eleitoral, nesse nível se determinam os procedimentos, executa-se a contagem dos votos e publicam-se os resultados finais da disputa eleitoral.[31]

[31] MARCHETTI, 2008, p. 867.

Trata-se de conceito inegavelmente mais amplo, abrangendo desde a definição das regras do jogo eleitoral (*rule making*) até a qualificação das eleições (*rule adjudication*), daí por que não será adotado neste livro, cujo foco, como expresso, é o exame dos sistemas de controle, incluindo os denominados contenciosos eleitorais.

1.1 A classificação dos sistemas com suporte na natureza do órgão incumbido de exercer o controle das eleições

Os sistemas de controle das eleições podem ser classificados, com arrimo na natureza do órgão incumbido de verificar a regularidade dos atos e procedimentos eleitorais, em quatro: *político, jurisdicional, administrativo* e *misto*.[32]

A classificação recebe cristalina influência de Maurice Duverger, que os dividiu em político e jurisdicional, conforme o organismo ao qual é cometido o controle fosse a própria assembleia ou um órgão judicial. Anota Leôncio Lara Sáenz:

> La clasificación de los sistemas de justicia electoral en el âmbito doctrinal y comparado tiene un magnifico arranque taxonómico con Maurice Duverger, al distinguir este autor entre el contencioso político, que constituye la misma asamblea que surge de la elección, y el contencioso jurisdiccional, que se encomienda a un órgano judicial, en cuanto a los mecanismos y órganos de resolución de las impugnaciones en los resultados de las elecciones, mecanismo establecido por el orden jurídico de un estado, que comprenden todas las impugnaciones que se interpongan no sólo contra los resultados de las elecciones sino respecto a todos los actos y procedimientos electorales.[33]

Aos dois modelos identificados por Duverger se somam o modelo administrativo, segundo o qual o controle das eleições é atribuído a um órgão eleitoral de natureza executiva (em regra, o

[32] Na doutrina nacional é possível encontrar a alusão a três sistemas. Cf. PORTO, Walter Costa. *Dicionário do voto*. Brasília: Ed. UnB, 2000. p. 412: "Atualmente, três são, no mundo, os modos de verificar e reconhecer os poderes dos representantes, entregando-se a deliberação, a respeito, 1) aos próprios corpos legislativos; 2) à Justiça, especializada ou não; 3) a um organismo misto, reunindo membros da magistratura e representantes dos corpos legislativos".

[33] LARA SÁENZ, 2006, p. 306.

mesmo responsável pela organização das eleições), e, finalmente, o modelo misto, no qual o controle é realizado sucessivamente por órgãos políticos, jurisdicionais ou administrativos (desconsiderando-se, com efeito, eventual composição eclética do organismo eleitoral, porquanto o que importa é a natureza do órgão e não eventual diversidade de vínculos institucionais de seus componentes, a chamada "regra da interseção").

Não obstante largamente aceita a classificação que toma por base a natureza do órgão ao qual se delegou o controle, é possível encontrar em doutrina a adoção de outros critérios, como, por exemplo, o que leva em conta o objeto tratado, acolhido por Jorge Miranda, que, discorrendo sobre o sistema de controle das eleições em Portugal — de viés nitidamente jurisdicional, caso considerada a natureza dos órgãos responsáveis pelo controle —, qualifica-o como administrativo:

> O contencioso eleitoral político é, por isso, um contencioso constitucional e, por isso, também se compreende a opção por o confiar ao Tribunal Constitucional.
>
> A sua estrutura, no entanto, não deixa de ser a de um contencioso administrativo, porque tem por objecto conflitos decorrentes de uma actividade administrativa, mesmo se *sui generis*, e porque os chamados recursos eleitorais seguem, no essencial, o processo das acções contenciosas administrativas. Uma coisa é a competência jurisdicional, outra coisa a natureza em si das questões e dos meios processuais correspondentes.[34]

Também é possível encontrar classificação a considerar o momento em que o controle se realiza, especialmente em seu viés contencioso, sendo possível referir um *contencioso pré-eleitoral* (preliminar à manifestação da vontade do eleitorado, de caráter preventivo), outro *concomitante* e, finalmente, um *contencioso pós-eleitoral* (incidindo sobre a manifestação da vontade popular).[35]

Vê-se, contudo, que a doutrina nacional e a estrangeira adotam amplamente o critério da natureza do órgão responsável pelo controle, a qual também é seguida nesta dissertação, o que reclama se faça pelo menos mais uma ressalva: não há liame obrigatório

---

[34] MIRANDA, Jorge. *Direito constitucional III*: direito eleitoral e direito parlamentar. Lisboa: Associação Académica da Faculdade de Direito de Lisboa, 2003. p. 192.

[35] Cf. PEREIRA, 2008b, p. 27.

entre o órgão responsável pela administração das eleições e aquele que validará os resultados e decidirá os litígios eleitorais, vale dizer, qualificará as eleições. Países há em que a tarefa de execução das eleições é confiada a um órgão administrativo, todavia a verificação da legitimidade dos pleitos, incluindo o julgamento das impugnações é entregue a outro, de natureza diversa (como ocorre, por exemplo, no México, com a criação do *Instituto Federal Electoral* – IFÉ, que tem atribuições administrativas e do *Tribunal Electoral del Poder Judicial de la Federación* — TEPJF, exercedor do controle jurisdicional). Outros, como o Brasil, cometem a único órgão ambas as atribuições.

A ressalva é necessária, portanto, para tornar claro que a referência aos variados tipos de sistema de controle das eleições não considera a natureza do órgão responsável pela *execução* das eleições, mas sim o que se responsabiliza pela *verificação da regularidade* da consulta, validação dos resultados e proclamação, em caráter definitivo, com ou sem impugnação, dos eleitos, não obstante em alguns países a administração e o controle das eleições estejam entregues ao mesmo órgão.

Antes de examinar as características de cada um dos sistemas, cumpre também recordar o fato de que a adoção das diversas formulações, em regra, tem foro constitucional, daí ser possível asserir que cada nação há contemplado um *modelo constitucional de controle das eleições ou de apuração da verdade eleitoral*. Os estudos do Direito comparado na América Latina, por exemplo, revelam que, à exceção da Argentina, os demais países privilegiam a previsão constitucional sobre os sistemas de solução de controvérsias eleitorais.[36] No Brasil,

[36] Cf. OROZCO HENRÍQUEZ, J. Jesús. El contencioso electoral, la calificación electoral. *In*: NOHLEN, Dieter *et al.* (Comp.). *Tratado de derecho electoral comparado de América Latina*. 2. ed. México: FCE, Instituto Interamericano de Derechos Humanos, Universidad de Heidelberg, International IDEA, Tribunal Electoral del Poder Judicial de la Federación, Instituto Federal Electoral, 2007. p. 1163: "Salvo el caso de Argentina, los demás países prevén en sus respectivas constituciones la existencia de órganos electorales especializados encargados de la dirección, administración y vigilancia de los procedimientos electorales, o bien, de la resolución jurisdiccional o, en su caso, emanada de un órgano político, de los conflictos electorales, en el entendido de que algunos países contemplan órganos distintos para una y otra tarea, en tanto que otros le asignan ambas a un mismo órgano; asimismo, cabe advertir que, en ocasiones, se contempla constitucionalmente la existencia de órganos electorales, pero no se regula su integración y ni siquiera su denominación (por ejemplo, Bolivia y Venezuela)". Cf. também JARAMILLO, 2007, p. 372: "La materia con la que aquí nos ocupamos es en Latinoamérica objeto de tratamiento constitucional. Con excepción de la Constitución argentina, todas las constituciones latinoamericanas actuales se ocupan — de una u otra forma — de los cuerpos encargados de la organización electoral". Lembra, ainda, o autor, que na América Latina: "[...] desde el decenio de 1920 se inició un proceso de creación de organismos electorales centralizados y especializados y, por lo menos en lo nominal, independientes de los poderes Ejecutivo y Legislativo. Por esta razón Miranda (1957, p. 273), en su libro acerca de las tendencias constitucionales en América Latina entre 1945 y 1956, afirmaba: subsanar los muchos y arraigados vicios que padece en casi todos los países latinoamericanos el organismo electoral ha sido una de las preocupaciones más notorias de los constituyentes de ese orbe en los últimos tiempos, a juzgar por lo que ella se refleja en la obra

como lembra Sálvio de Figueiredo Teixeira, a Justiça Eleitoral tem "nobreza constitucional", com "Cortes de Justiça contempladas no sistema constitucional e, até, um Tribunal Superior — exatamente para a proteção dessa jurisdição específica".[37]

1.1.1 O sistema político ou de verificação dos poderes

O sistema político, também denominado de sistema de verificação dos poderes, tradicional ou clássico, notabiliza-se por cometer a uma assembleia política, ou parte dela, o mister de verificar a regularidade das eleições de seus membros, equivalendo a uma autoqualificação (*autocalificación*).[38]

Encontra antecedentes mais remotos em França, nos *États Généraux*, no século XVI, bem assim na Constituição dos Estados Unidos da América do Norte, no art. 1º, seção V, nº 1: "Cada Casa deve ser o juiz das eleições, poderes e qualificações de seus próprios membros".[39] Foi amplamente adotado na Europa e nas Américas durante o século XIX e boa parte do século XX.

O ponto fundamental do sistema é o princípio da separação dos poderes, buscando imunizar as casas legislativas da interferência do Poder Executivo. Adota a premissa de que "cada órgão do poder público é independente dos outros, não devendo se envolver nas decisões inerentes à integração dos demais, considerando-se como uma arma defensiva em mãos do legislativo frente ao executivo a fim de assegurar sua autonomia e independência".[40]

---

de éstos. Y lo que al propósito han arbitrado legislativamente consiste en normas reguladoras y cuerpos especiales encargados de la organización y el control electoral, normas y cuerpos que hacen ya su aparición en los códigos políticos de la posguerra 1918-1939". E ainda OROZCO HENRÍQUEZ, J. Jesús. Tendencias recentes de la justicia electoral en América Latina. *In*: NÚÑEZ REYNOSO, José; BARQUERA Y ARROYO, Hermínio Sánchez de la (Coord.). *La democracia em su contexto*: estúdios en homenaje a Dieter Nohlen en su septuagésimo aniversario. México: Instituto de Investigaciones Jurídicas de la UNAM, 2009. p. 405-424.

[37] TEIXEIRA, Sálvio de Figueiredo. Reflexões, em dois tempos, sobre a justiça eleitoral brasileira. *In*: TEIXEIRA, Sálvio de Figueiredo (Coord.). *Direito eleitoral contemporâneo*: doutrina e jurisprudência. Belo Horizonte: Del Rey, 2003. p. 46-56, p. 49.

[38] O termo autoqualificação somente deve ser empregado para as situações em que incumbe ao Parlamento a qualificação das eleições de seus próprios membros; na hipótese de a casa legislativa exercer a atribuição relativa à qualificação de outros cargos, como ocorria com as eleições presidenciais no México até 1996, a hipótese é de heteroqualificação. Sobre o tema, cf. OROZCO HENRÍQUEZ, 2007, p. 1156.

[39] Tradução livre de: "Each House shall be the judge of the elections, return and qualifications of its owns members".

[40] OROZCO HENRÍQUEZ, 2007, p. 1157. Tradução livre de: "cada órgano del poder público es independiente de los otros, no debe involucrarse en las decisiones inherentes a la integración de los demás, considerándose como un arma defensiva en manos del legislativo frente al ejecutivo a fin de asegurar su autonomía e independência". Cf. no mesmo sentido, RIBEIRO, 1996, p. 110: "Fora esse, precisamente, o meio para o Legislativo firmar a sua independência funcional do Executivo,

O sistema político, ao atribuir à própria casa legislativa a responsabilidade pela qualificação das eleições de seus membros, inclusive o julgamento de eventuais impugnações, considera que o Judiciário, de quem se exige atuação imparcial, não deve estar envolvido em questões políticas, pois "tenderia a uma partidarização da atividade jurisdicional, na medida em que esta seria aos poucos contaminada por critérios ideológicos e não normativos".[41]

Na atualidade, como lembra Orozco Henríquez, não há sistema de controle exclusivamente político, com exceção da Suíça e, em certa medida, a Itália, "uma vez que naqueles países que conservam um controle político para as eleições legislativas ou, sendo o caso, presidenciais, o fazem coexistir com um controle jurisdicional prévio ou posterior, o que os converte em sistemas contenciosos mistos".[42]

Assim, os sistemas que ainda hoje mantêm a intervenção das assembleias políticas são, em regra, qualificados como mistos, envolvendo o controle político-jurisdicional (como, por exemplo, EUA e Itália) ou político-administrativo (Argentina).

Ainda que haja "aparência jurisdicional", percebe-se que as decisões das casas legislativas não estão jungidas a observar parâmetros jurídicos, mas apenas políticos, de modo que lhes falta

> [...] o requisito da imparcialidade, da motivação, da observância de critérios normativos para julgamento, da adequação e da proporcionalidade, da existência de vias recursais, entre outros. Por não obrigar que a deliberação em plenário seja vinculada ao conjunto probatório aferido, os critérios decisórios são em essência discricionários e influenciados pelas estratégias político-partidárias.[43]

A possibilidade de atuação discricionária do Parlamento, mediante critérios puramente políticos, como defendido por alguns, importou que em muitos países, dentre os quais o Brasil — em que o sistema foi adotado pela Constituição de 1824 e vigorou até a criação

---

assumindo o controle da regularidade da eleição e sobre a elegibilidade de seus membros, antes prerrogativa régia".

[41] PEREIRA, 2008b, p. 30.

[42] OROZCO HENRÍQUEZ, 2007, p. 1157-1158. Tradução livre de: "ya que en aquellos países que conservan un control político para los comicios legislativos o, en su caso, presidenciales, lo hacen coexistir con un control jurisdiccional previo o posterior, lo que les convierte en sistemas contenciosos mixtos".

[43] PEREIRA, 2008b, p. 36.

da Justiça Eleitoral, em 1932 — muitas manobras fossem realizadas para garantir a hegemonia de grupos específicos.[44]

Acentua-se, portanto, a possibilidade de que o sistema político seja corrompido, devendo-se

> [...] evitar que os integrantes do órgão envolvido se convertam em juiz e parte ao realizar a qualificação das eleições em que contenderam, sobretudo porque se corre o risco de que a maioria predeterminada atue em conformidade com seus interesses políticos e partidários, ignorando razões de direito e justiça; neste sentido, se afirma que, do ponto de vista da plenitude do Estado de Direito, resulta discutível a pertinência de um controle exclusivamente político dessa natureza.[45]

Em vista dessas distorções, cresce na atualidade a tendência ao reconhecimento de que a tarefa de julgar as controvérsias eleitorais é materialmente jurisdicional, daí o movimento claramente perceptível de abandono dos modelos exclusivamente políticos, como lembra Fix-Zamudio:

> Tradicionalmente la solución de los conflictos electorales se encomendaba a organismos de naturaleza política, pero en los últimos años se ha iniciado la tendencia de atribuir el conocimiento y decisión de estas controversias de claro contenido político pero con regulación jurídica, a órganos autónomos de carácter administrativo, a tribunales ordinarios o a órganos jurisdiccionales especializados, con predominio de estos últimos en los años más recientes.[46]

---

[44] Sobre o tema, conferir o Capítulo 2, especialmente o contexto político que envolveu a criação da Justiça Eleitoral no Brasil e o instituto da "degola" praticado pelas Comissões de Verificação dos Poderes.

[45] OROZCO HENRÍQUEZ, 2007, p. 1157. Tradução livre de [...] "evitar que los integrantes del órgano involucrado se conviertan en juez y parte al realizar la calificación de las elecciones en que contendieron, sobre todo porque se corre el riesgo de que la mayoría predeterminada actúe de conformidad con sus intereses políticos y partidistas, ignorando consideraciones de derecho y de justicia; en este sentido, se afirma que, desde el punto de vista de la plenitud del Estado de derecho, resulta discutible la pertinência de un exclusivo control político de tal naturaleza".

[46] FIX-ZAMUDIO, Héctor. Justicia constitucional y judicialización de la política. *In*: OROZCO HENRÍQUEZ, J. Jesús (Coord.). *Sistemas de justicia electoral*: evaluación y perspectivas. México: IFE, PNUD, UNAM, IIJ, IFES, IDEA International, TEPJF, 2001. p. 11-38, p. 34. Conferir também PENALVA, Janaína. Justiça eleitoral, soberania popular e Constituição: algumas considerações sobre os sistemas eleitorais de apreciação de controvérsias eleitorais na América Latina. *In*: *Direito processual eleitoral*: análise e perspectivas. Brasília: Ed. UnB; ABRAMPPE, 2009. No prelo: "Essa aproximação com o Poder Judiciário representa, em última instância, um giro na apreciação dos litígios eleitorais no sentido de maior vinculação à Constituição e às determinações legais, afastando-se apreciações pautadas exclusivamente em juízos eminentemente políticos e discricionários. [...] Por isso, esse movimento que se observa na América Latina de fortalecimento das garantias de impessoalidade e legalidade e, em alguns casos, de atribuição do contencioso eleitoral ao Poder Judiciário sinaliza um compromisso com o fortalecimento da democracia constitucional".

Mesmo em países considerados como o berço do sistema de verificação dos poderes, como França e Inglaterra, o modelo foi abandonado. Até mesmo na Itália, onde há clara preponderância da atuação do Parlamento na qualificação de seus membros, não está descartada a atuação posterior de órgãos jurisdicionais, com o que se qualifica o sistema ali empregado como sendo de natureza mista, como se verá adiante.

1.1.2 O sistema jurisdicional

O controle das eleições, no sistema jurisdicional, é atribuído a um juiz ou tribunal, que atua como terceiro, decidindo, mediante critérios normativos, de maneira imperativa e imparcial.

A tendência predominante do contencioso político na Europa e América durante o século XIX foi interrompida, consoante anota Orozco Henríquez, com o *Election Petition Act* de 1868, na Inglaterra, modificado em 1879, que instituiu um contencioso eleitoral jurisdicional, tanto que o julgamento das eleições impugnadas foi transferido a dois juízes da *King's (Queen's) Bench Division of High Court of Justice*. A decisão judicial seria assumida pela Câmara dos Comuns (para salvaguardar sua soberania).

O paulatino abandono do sistema de verificação dos poderes cedeu lugar aos sistemas de controle jurisdicionais, cujos antecedentes podem ser encontrados na Espanha (1907), bem como nas Constituições da Grécia (1911) e na alemã de Weimar (1919).[47]

A nova forma de controle do processo eleitoral influenciou diversas constituições europeias no primeiro pós-guerra, como no caso da Constituição da Áustria (1920). Sobre o movimento, observa Jorge Miranda que,

> [...] assim como o progresso do Estado de Direito tem vindo a manifestar-se, em quase todos os países europeus, nos últimos anos, na criação de Tribunais Constitucionais, também no domínio da apreciação da validade e da regularidade das eleições é uma verdadeira e própria justiça eleitoral (utilize-se ou não esse nome)

[47] Cf. NOHLEN, Dieter. La calificación electoral en Alemania Federal. *In*: *El contencioso y la jurisprudência electorales en derecho comparado*: un estudio sobre veintiún países de América y Europa. México: Tribunal Electoral del Poder Judicial de la Federación, 2006. p. 3-18, p. 9: "Durante la República de Weimar, al producirse una irregularidad, la Corte de Calificación Electoral tenia que tratar el caso ex-oficio. La calificación electoral era — por así decirlo — obligatoria y total, dado que el mandato se extendía a todo el proceso electoral".

que tem vindo a emergir, ultrapassando, de vez, os controlos administrativos e o sentido constitutivo da verificação de poderes pelos Parlamentos.[48]

A tendência à jurisdicionalização plena dos sistemas de controle, extraindo-se das assembleias políticas a atribuição de qualificar as eleições, repercutiu também na América Latina, onde se assistiu a uma

> [...] paulatina creación de órganos electorales especializados (generalmente de carácter constitucional) con funciones jurisdiccionales y administrativas en la materia — los llamados tribunales (cortes, jurados, cámaras, juntas o consejos supremos) electorales —, ya sea que tengan una naturaleza autónoma respecto de los poderes públicos o constituyan una rama especializada dentro del Poder Judicial, mismos que se encuentran presentes en todos y cada uno de los países analizados (en el caso de Argentina, previsto sólo legalmente), y representan una de las peculiaridades del contencioso electoral en la región.[49]

A judicialização dos sistemas de controle é apontada hodiernamente como um dos princípios básicos do Estado Constitucional Democrático de Direito e do que se denomina de *Direito Eleitoral transnacional*, como recorda Aragón:

> Sobre la base de esas consideraciones se ha desarrollado hoy el derecho electoral en todos los países democráticos, de manera que se ha formado una especie de derecho electoral común (o trasnacional) que obedece a unos mismos principios generales y que, por ello, se proyectan en todos los ordenamientos pertenecientes a la forma de Estado constitucional democrático de derecho. Tales principios son, esencialmente, la primacía del sistema representativo, la neutralidad de las organizaciones electorales, la libertad de presentación de candidaturas, la igualdad de oportunidades de los candidatos, la universalidad, igualdad, libertad y secreto del sufragio y, en fin, la judicialización del sistema de controles y de verificación de la regularidad de la elección.[50]

---

[48] MIRANDA, 2003, p. 186.

[49] OROZCO HENRÍQUEZ, 2007, p. 1161.

[50] ARAGÓN, Manuel. Derecho de sufrágio: principio y función. *In*: NOHLEN, Dieter *et al.* (Comp.). *Tratado de derecho electoral comparado de América Latina*. 2. ed. México: FCE, Instituto Interamericano

O sistema jurisdicional registra algumas variações nas diversas nações que o adotam, as quais podem ser assim sistematizadas:

a) jurisdição ordinária – é também conhecida como modelo inglês; o controle das eleições é responsabilidade de juízes ordinários, pertencentes ao respectivo Poder Judiciário;

b) jurisdição especializada – a qualificação das eleições é competência de um ramo especializado em matéria eleitoral pertencente ao Poder Judiciário, como ocorre no Brasil desde 1932, ou ainda de um órgão judiciário autônomo (tribunais ou cortes eleitorais que não integram a estrutura do Judiciário, gozando de autonomia, sendo considerados como um "quarto poder", como ocorre, por exemplo, na Costa Rica);[51] a ideia de atribuir a órgãos judiciários autônomos o controle do processo eleitoral atende à pretensão de salvaguardar a natureza jurisdicional da função de qualificar as eleições sem expor o Poder Judiciário a questionamentos de envolvimento político-partidário; lembra Juan Jaramillo que atualmente os países latino-americanos possuem um órgão estatal encarregado das funções eleitorais, o qual se encontra situado na maioria dos casos à margem dos três poderes públicos tradicionais "daí porque muitos autores tendem a qualificá-lo como quarto poder do Estado — entretanto em três países (Argentina, Brasil e Paraguai) está integrado ao Poder Judiciário";[52] tanto num como noutro caso, é possível encontrar modelos em que as decisões podem ser objeto de impugnação ante um órgão constitucional, bem assim outros em que as decisões são irrecorríveis (Costa Rica, Equador e Uruguai); e

de Derechos Humanos, Universidad de Heidelberg, International IDEA, Tribunal Electoral del Poder Judicial de la Federación, Instituto Federal Electoral, 2007. p. 178-197, p. 179. Anota, ainda, o autor que: [...] "es preciso que existan las correspondientes garantías de la veracidad del sufragio, esto es, del no falseamiento de sus resultados. Una administración electoral independiente del Poder Ejecutivo, neutral, transparente y bien dotada técnicamente, junto con un sistema de recursos jurisdiccionales que aseguren el control de las infracciones o errores que pudieran cometerse en el proceso electoral suponen, en fin, las últimas, pero indispensables notas que definen al sufragio como democrático".

[51] O art. 99, da Constituição Política da Costa Rica, de 07 de novembro de 1949, estabeleceu o *Tribunal Supremo de Elecciones*, gozando de independência no desempenho de suas atribuições, sendo organismo autônomo dos demais Poderes (*Legislativo*, *Ejecutivo* e *Judicial*), assumindo o papel verdadeiramente de um quarto Poder.

[52] JARAMILLO, 2007, p. 372. Tradução livre de: "por lo cual muchos autores tienden a calificarlos como cuarto poder del Estado —, mientras que en tres países (Argentina, Brasil y Paraguay) está integrado al Poder Judicial".

c) jurisdição constitucional – também conhecida como o modelo austríaco; confere a um tribunal constitucional a decisão sobre os respectivos meios de impugnação eleitoral, embora em combinação com outros meios de impugnação prévios de caráter também jurisdicional ou, inclusive, de natureza política.

A criação de órgãos de jurisdição especializada, sejam integrantes do Poder Judiciário ou mesmo autônomos, tem sido importante mecanismo para resguardar a órgãos judiciários o exercício de atividade materialmente jurisdicional, evitando-se, por outro lado, os questionamentos corriqueiros sobre a imparcialidade das decisões, presentes, em regra, quando o controle é responsabilidade de órgãos políticos, como visto.

Importa lembrar que, em alguns países, é possível observar uma combinação de jurisdições, de modo que eventuais impugnações, ainda que ofertadas perante órgãos de jurisdição ordinária ou especializada, não excluem a apreciação por órgãos de jurisdição constitucional. É o que ocorre no Brasil, de acordo com a previsão do art. 121, §3º, da Constituição Federal de 1988, que, não obstante estabeleça a irrecorribilidade das decisões do Tribunal Superior Eleitoral, admite sejam objeto de recurso extraordinário, dirigido ao STF, quando apontadas como contrárias à Lei Maior, ou ainda quando denegatórias de *habeas corpus* ou mandado de segurança julgados em única instância.

Em arremate deste tópico, cumpre recordar, com Orozco Henríquez, que a previsão de meios de impugnação propriamente jurisdicionais garante o direito a um recurso efetivo público perante um juiz ou tribunal competente, independente e imparcial, estabelecido *ex ante*, tal como prescrevem diversos instrumentos internacionais de proteção dos direitos humanos (concretamente, os arts. 2º, seção 3, alínea a, e 14, seção 1, do Pacto Internacional de Direitos Civis e Políticos, assim como o art. 8º, seção 1, da Convenção Americana sobre Direitos Humanos).

1.1.3 O sistema administrativo

No sistema administrativo, o controle das eleições é confiado a órgãos eleitorais executivos, encarregados da direção, organização, administração e vigilância dos procedimentos eleitorais. Os próprios órgãos aos quais compete a administração eleitoral ou seu superior hierárquico, de natureza estritamente administrativa, são os responsáveis pelo controle do processo eleitoral.

O modelo não tem sido acolhido em larga escala. A tendência à jurisdicionalização do controle das eleições, antes referida, tem importado em clara preponderância de sistemas que confiem a órgãos judiciários, ainda que parcialmente, a tarefa de qualificar os pleitos. Desse modo, mesmo nas hipóteses em que o controle é confiado a órgãos administrativos, os seus integrantes, em muitos casos, são recrutados junto ao Poder Judiciário, exigindo-se iguais requisitos e outorgando-se as mesmas garantias da magistratura.[53]

Pode-se distinguir entre o sistema que conta exclusivamente com um contencioso eleitoral administrativo dos que o combinam com alguma impugnação posterior ante um órgão jurisdicional ou político, dando lugar a um contencioso misto.

Um exemplo de controle administrativo pode ser encontrado na Nicarágua, que incumbe ao *Consejo Supremo Electoral* conhecer e decidir em última instância sobre todas as controvérsias relacionadas às eleições, incluindo as impugnações que se interponham contra as resoluções dos organismos ou juntas eleitorais subordinados a ele. O Conselho, no caso, exerce funções materialmente administrativas e jurisdicionais, e, inclusive, regulamentares, e seus membros são designados de maneira similar à do órgão máximo do Poder Judiciário do respectivo país e a eles se outorgam garantias equivalentes às judiciais.[54]

Existem outros países que também preveem órgãos eleitorais autônomos, de natureza administrativa, independentes dos órgãos jurisdicionais, ou sendo o caso, políticos, perante os quais cabe impugnar as resoluções daqueles, o que os converte em sistemas contenciosos eleitorais mistos.

1.1.4 O sistema misto

O sistema misto combina sucessivamente impugnações perante órgãos administrativos, jurisdicionais ou políticos. Não se cogita, bem se vê, na variedade de vínculos institucionais dos componentes dos organismos eleitorais, como encontrado em algumas passagens da doutrina brasileira, que relaciona, a par dos sistemas político

[53] Cf. PENALVA, 2009.
[54] Cf. OROZCO HENRÍQUEZ, 2007, p. 1175.

e jurisdicional, um sistema eclético, caracterizado por confiar o controle das eleições a órgãos integrados de representantes de vários poderes ou segmentos políticos, como os partidos.[55]

A origem multifária dos recrutados para compor os órgãos eleitorais não assume relevância para definição dos modelos de controle, ao menos sob o critério que ora se adota e que está centrado na natureza do órgão incumbido de qualificar as eleições.

O sistema misto se caracteriza por contemplar uma dualidade de órgãos especializados, autônomos entre si, atribuindo a ambos a responsabilidade pela qualificação das eleições. A multiplicidade de órgãos pode ser verificada, por exemplo, na modalidade administrativo-jurisdicional, segundo a qual um dos órgãos exercerá funções administrativas (não só quanto à execução do pleito, mas também quanto à qualificação), cabendo ao outro a resolução das impugnações jurisdicionais contra os atos daquele.

São exemplos do modelo misto, na categoria administrativo-jurisdicional, países como Colômbia, Chile, México, Peru e Venezuela. No México, como alinhado,

> encontramos con dos organismos autonomos investidos con funciones electorales. Así, por una parte, la administración de las elecciones ha sido confiada al Instituto Federal Electoral (IFE), mientras que todo lo relacionado con la tarea de impartir justicia en materia electoral ha sido confiado al Tribunal Electoral del Poder Judicial de la Federación.[56]

Na categoria político-administrativo, são exemplos os modelos adotados em países como a Argentina, onde as eleições legislativas e presidenciais são controladas pelas juntas nacionais eleitorais (de natureza administrativa), que decidem sobre as impugnações e protestos, atribuindo-se, contudo, a um órgão político a decisão final sobre a validade da eleição. É atribuição da Assembleia Legislativa (ambas as Câmaras do Congresso) realizar as eleições e proclamar os eleitos como presidente ou vice-presidente da República. Já quanto à eleição de deputados e senadores, conserva-se como prerrogativa

---

[55] Conferir a propósito FERREIRA, 1971, p. 349: "Já um método diferente de apreciação da legalidade das eleições, que se pode chamar o *sistema do tribunal especial*, foi pôsto em prática pelo art. 31 do código básico da Alemanha de Weimar de 1919, com a criação de um tribunal misto, composto simultâneamente de juízes profissionais e representantes do parlamento".

[56] JARAMILLO, 2007, p. 373.

das respectivas casas ser "juez de las elecciones, derechos y títulos de sus miembros en cuanto a su validez", sem que exista qualquer recurso contra suas decisões.

Na categoria político-jurisdicional, cumpre fazer referência ao modelo ianque. Anota Orozco Henríquez que o modelo de controle das eleições para o Legislativo e Executivo Federais nos Estados Unidos é um claro exemplo de sistema misto de contencioso e qualificação eleitorais, uma vez que contempla "a intervenção sucessiva de um órgão jurisdicional e outro político na resolução das impugnações contra os resultados eleitorais, assim como a participação de certas autoridades administrativas e finalmente também um órgão político em eleições não impugnadas".[57]

As eleições federais dos EUA são reguladas e organizadas por autoridades de cada unidade federativa e, de um modo geral

> combinan impugnaciones ante un tribunal estatal ordinário (en ocasiones, especializado) y, ulteriormente, ante un órgano político que resuelve en forma definitiva, esto es, la Cámara de Representantes o el Senado del Congreso de la Unión con motivo de las elecciones de sus respectivos miembros, así como el correspondiente colegio electoral tratándose de las elecciones presidenciales.[58]

A manutenção do componente político no controle tem recebido críticas, como as anotadas por Todd Eisenstadt:

> El Colegio Electoral Federal, miembros selectos del Congreso que resuelven las impugnaciones presentadas respecto de la elección

---

[57] OROZCO HENRÍQUEZ, J. Jesús. Contencioso electoral y calificación de las elecciones en los Estados Unidos de América. *Justicia Electoral*: Revista del Tribunal Federal Electoral, México, v. II, n. 2, p. 28-37, 1993. Tradução livre de "intervención sucesiva de un órgano jurisdiccional y otro político en la resolución de las impugnaciones contra los resultados electorales, así como la participación de ciertas autoridades administrativas y finalmente también un órgano político en elecciones no impugnadas".

[58] OROZCO HENRÍQUEZ, J. Jesús. Sistemas de justicia electoral en el derecho comparado. *In*: OROZCO HENRÍQUEZ, J. Jesús (Coord.). *Sistemas de justicia electoral*: evaluación y perspectivas. México: IFE, PNUD, UNAM, IIJ, IFES, IDEA International, TEPJF, 2001. p. 45-58. Conferir também SCHWARTZ, Bernard. *Direito constitucional americano = American constitucional law*. Tradução de Carlos Nayfeld. Rio de Janeiro: Forense, 1966. p. 78: "Neste caso [das impugnações eleitorais], o sistema americano segue a regra que predominava na Inglaterra antes da Lei das Eleições Parlamentares de 1868 — a saber, que o próprio Legislativo nacional é quem determina decisivamente tais impugnações. [...] Como a determinação legislativa da qualificação dos seus membros é revestida de caráter decisivo, pode acontecer que, conquanto nenhuma das duas câmaras imponha formalmente qualificações além das especificações na Constituição, ou dispense as que são mencionadas, qualquer das duas pode, na prática, fazer tais coisas".

> presidencial, es un sistema obsoleto e ineficiente cuando se trata de representar la voluntad del pueblo. Lo anterior porque los políticos electos resuelven las controversias por medio de alianzas de intereses y la negociación más que en base a la preocupación de representar estrictamente la voluntad expresada por los ciudadanos.
>
> Tal "politización" de la más alta instancia del país ha tenido resultados contrarios a la voluntad popular en varias ocasiones y la ha amenazado en muchas otras. Aquí quiero subrayar que el Colegio Electoral, creado en 1787 en base a consideraciones meramente políticas, reproduce varios de los defectos que caracterizan al sistema de justicia electoral de los Estados Unidos tanto a nivel federal como estatal: las reglas se aplican en base a consideraciones más políticas que judiciales, no son claras y abandonan la resolución de una contienda electoral cerrada en manos de operadores políticos preocupados únicamente por su autopromoción, cuya meta es lograr pactos en lugar de confiar la resolución de los conflictos a jueces preocupados por el bien público y cuya meta sería la interpretación de la ley.[59]

Já no que concerne ao componente jurisdicional, importa lembrar com González Oropeza, que não há uma jurisdição especializada, de modo que as controvérsias são resolvidas por tribunais comuns, tanto estaduais como federais, e as decisões seguem a força dos precedentes (*stare decisis*).[60]

O sistema estadunidense não exclui, ainda, ante os postulados da jurisdição constitucional, a possibilidade de que eventuais decisões versando sobre a matéria eleitoral cheguem à Suprema Corte, como ocorreu no célebre precedente *Bush v. Gore 531 US 98 (2000)*, que foi a única ocasião na história do País em que a disputa presidencial esteve a cargo da instância máxima do Poder Judiciário.[61]

---

[59] EISENSTADT, Todd. Intrusos en la recámara de Lincoln: cómo la pobreza de las disposiciones del derecho electoral de los Estados Unidos de América acerca del gasto en campañas contrarresta los arraigados parámetros del derecho al voto. *In*: OROZCO HENRÍQUEZ (Coord.), 2001, p. 155-174, p. 157.

[60] GONZÁLEZ OROPEZA, Manuel. Estados Unidos de América: descripción de su justicia electoral. *In*: *El contencioso y la jurisprudência electorales en derecho comparado*: un estudio sobre veintiún países de América y Europa. México: Tribunal Electoral del Poder Judicial de la Federación, 2006. p. 221-239.

[61] Anota GONZÁLEZ OROPEZA, p. 239: "Ante la decisión de la Suprema Corte de Justicia de Florida ordenando una ampliación del plazo para efectuar el recuento de votos, la Suprema Corte de Estados Unidos intervino a petición de George W. Bush. El argumento toral de la Corte en decidir el caso fue que la orden de continuar el recuento por parte de la Suprema Corte de Florida, infringía el principio contenido en el artículo II de la Constitución Federal, de que las elecciones — aún las federales — son reguladas por las Legislaturas de los Estados y no por decisiones

Na Itália também se cogita em um controle político-jurisdicional, como lembra Leôncio Lara Sáenz, ao anotar que as Câmaras de Deputados e a de Senadores exercem a atribuição de colégio eleitoral, desempenhando a qualificação política de seus membros. Assim: "Las Cámaras se pronuncian en juicio definitivo sobre las impugnaciones, las protestas y en general sobre todos los reclamos presentados a las oficinas de las secciones electorales o ante las oficinas centrales durante sus actividades".

Não se excluem, porém, determinadas matérias da apreciação judicial:

> El caso italiano se remite al llamado sistema mixto, es decir que se constituye en las elecciones políticas a través de recursos, protestas e impugnaciones frente a los órganos electorales, nacionales, regionales y provinciales, finalmente resueltos por las Cámaras de Diputados y Senadores que se erigen en colegios de calificación electoral, y el sistema jurisdiccional que se sigue ante los Tribunales Administrativos Regionales, la Corte de Casación, el Tribunal Constitucional y el Consejo de Estado, para asuntos electorales en impugnación judicial y para violación de garantías electorales.[62]

Na Alemanha, como anota Dieter Nohlen, a qualificação eleitoral assume, de regra, um papel de menor importância, uma vez que não é um campo de maiores conflitos, registrando-se, em vista de fatores como cultura política, respeito às instituições públicas e experiências históricas, um alto índice de confiança nas eleições.

Ainda assim, prevalece no país um sistema misto, de caráter político-jurisdicional, de modo que "el examen de los reclamos es realizado em primeira instancia por el Parlamento mismo, posteriormente a su propia elección, y em segunda instancia por el Tribunal Constitucional Federal", uma vez que não existe nenhuma instância jurídica autônoma e independente que qualifique as eleições.

judiciales; de tal manera, si la Ley de Florida indicaba plazos fatales para llevar a cabo el recuento y otorgaba tal grado de discrecionalidad a la Secretaría de Gobierno, estos factores deberían respetarse por lo que la resolución de la Suprema Corte de Florida era inconstitucional".

[62] LARA SÁENZ, Leoncio. Estudio de derecho comparado sobre lo contencioso y la jurisprudencia electoral Italia. *In*: *El contencioso y la jurisprudência electorales em derecho comparado*: un estudio sobre veintiún países de América y Europa. México: Tribunal Electoral del Poder Judicial de la Federación, 2006. p. 306. Cumpre recordar que o art. 66, da Constituição italiana prevê que: "Ciascuna Camera giudica dei titoli di ammissione dei suoi componenti e delle cause sopraggiunte di ineleggibilità e di incompatibilità". (Cada casa julga os títulos de admissão de seus membros e as causas supervenientes de inelegibilidade e incompatibilidade).

Malgrado algumas matérias sejam dirimidas em sede administrativa, pelas comissões eleitorais, cujas decisões não podem ser questionadas judicialmente, como ocorre nos casos do "individuo por no encontrarse inscrito en el registro electoral o del partido político por no haber sido admitido a postular candidatas/candidatos o listas", a qualificação eleitoral é exercida inicialmente por um órgão político e, em último plano, pelo Tribunal Constitucional.[63]

[63] NOHLEN, Dieter. La calificación electoral en Alemania Federal. *In*: *El contencioso y la jurisprudência electorales en derecho comparado*: un estudio sobre veintiún países de América y Europa. México: Tribunal Electoral del Poder Judicial de la Federación, 2006. p. 3-18. Anota o autor que: "la calificación electoral se ejerce fuera de la jurisdicción ordinaria y administrativa. El processo electoral corresponde a un acto específico de creacion de um órgano de Estado a nível federal. Por esta razón, los reclamos no pertenecen al ámbito de la jurisdicción administrativa" (p. 6). E acrescenta: "La calificación electoral por parte del Parlamento es condición sine qua non de un recurso de queja ante el Tribunal Constitucional Federal y la sentencia de este Tribunal sólo puede tomar en cuenta el dictamen del Bundestag y los hechos y fundamentos expuestos en el acta de decisión del Parlamento. La revisión judicial del fallo se restringe, entonces, al contenido y procedimiento de la decisión parlamentaria" (p. 12). Conferir também HESSE, Konrad. *Elementos de direito constitucional da República Federal da Alemanha = Grundzüge des Verfassungsrechts der Bundesrepublick Deutschland*. Tradução de Luís Afonso Heck. Porto Alegre: Sergio Antonio Fabris, 1998. p. 444: "O *exame de eleição* é, segundo o artigo 41 da Lei Fundamental, objeto do Parlamento Federal. O Parlamento Federal decide também se um deputado perdeu a afiliação. Contra a decisão é admissível reclamação ao Tribunal Constitucional Federal".

Capítulo 2

O Sistema Brasileiro de Controle das Eleições

Considerando as características alinhadas no capítulo anterior, não resta dúvida de que o atual modelo constitucional brasileiro de controle das eleições é identificado como de *jurisdição especializada*, confiando a verificação da regularidade dos pleitos e o contencioso eleitoral a um *ramo específico do Poder Judiciário*.[64]

---

[64] Ainda que possível encontrar em sede doutrinária a qualificação do sistema brasileiro como misto, uma vez que as juntas eleitorais deveriam ser consideradas como órgãos de natureza administrativa (cf. OROZCO HENRÍQUEZ, 2007, p. 1184), tal conclusão não merece acolhimento; as juntas eleitorais, presididas por juízes eleitorais, atuando a partir de provocação dos interessados, dirimindo litígios à luz de critérios tipicamente normativos, mediante decisões que, assim como as proferidas pelo juiz singular, podem ser revistas pelo respectivo Tribunal Regional (Cód. Eleitoral, art. 265), pelo TSE ou, em última análise, pelo Supremo Tribunal Federal, devem ser consideradas órgãos jurisdicionais.

A Constituição Federal de 1988, seguindo a tradição das cartas anteriores, dispõe sobre os tribunais e juízes eleitorais como órgãos do Poder Judiciário (art. 92, V), estabelecendo um modelo jurisdicional de solução das controvérsias eleitorais, a ser desempenhado pelo Tribunal Superior Eleitoral, tribunais regionais eleitorais, juízes e juntas eleitorais (CF, art. 118), sem excluir, em caso de alegada afronta à Constituição, a possibilidade de atuação do Supremo Tribunal Federal.

O modelo jurisdicional é adotado no Brasil desde 1932, quando da edição do Código Eleitoral, em substituição ao sistema de verificação de poderes, a cargo do Congresso, responsável por manobras questionáveis, que atentavam claramente contra as instituições democráticas.

Desde então, ainda que tenha deixado de existir durante o regime de exceção do Estado Novo (1937-1945), a Justiça Eleitoral brasileira consolidou-se como instrumento essencial para a vida político-institucional do País, angariando reconhecimento do povo.

2.1 Aspectos históricos da Justiça Eleitoral brasileira

Instituído sob os influxos da Revolução de 1930, em substituição ao contestado sistema de verificação dos poderes adotado durante o Período Imperial e a Primeira República, o modelo judicial brasileiro de controle das eleições registra, ao longo de mais de sete décadas de existência, história cujos principais momentos se confundem com a própria evolução do regime democrático no Brasil.

2.1.1 As fraudes eleitorais na República Velha e a criação da Justiça Eleitoral

A confiabilidade das eleições no Brasil é uma conquista relativamente recente. As fraudes do processo eleitoral já foram verificadas em larga escala ao longo da história política do País. Basta se rememorar o fato de que a própria criação da Justiça Eleitoral, ocorrida com a edição do Código Eleitoral de 1932, deu-se por obra do governo revolucionário que, capitaneado por Getúlio Vargas, chegara ao poder empunhando a bandeira da moralização das eleições, flagrantemente corrompidas.

A eleição presidencial de 1930, disputada por Júlio Prestes e Getúlio Vargas, bem exemplifica a atmosfera de fraudes e vícios que gravava o processo eleitoral na República Velha. Júlio Prestes, paulista, candidato oficial apoiado pelo presidente Washington Luís (que rompera a "política do café com leite", deixando de apoiar um candidato mineiro, como recomendava a alternância no poder entre representantes das oligarquias dos dois Estados), enfrentou o gaúcho Getúlio Vargas, lançado pela Aliança Liberal.

O programa da Aliança Liberal, como anota Boris Fausto, "concentrava-se na defesa das liberdades individuais, da anistia (com o que se acenava para os tenentes) e da reforma política para assegurar a chamada verdade eleitoral".[65] Atendiam-se, desse modo, às aspirações da classe média urbana, cuja presença na cena política tornou-se mais visível após a Primeira Guerra Mundial. Lembra Fausto que

> [...] esse setor da sociedade tendia a apoiar figuras e movimentos que levantassem a bandeira de um liberalismo autêntico, capaz de levar à prática as normas da Constituição e as leis do país, transformando a República oligárquica em República liberal. Isso significava, entre outras coisas, eleições limpas e respeito aos direitos individuais. Falava-se nesses meios de reforma social, mas a maior esperança era depositada na educação do povo, no voto secreto, na criação de uma Justiça Eleitoral.[66]

Com apoio apenas dos Estados do Rio Grande do Sul, Minas Gerais e Paraíba, Vargas, como já se podia presumir, foi derrotado, registrando resultado eleitoral inexpressivo nos Estados dominados pela situação, embora se servisse dos mesmos subterfúgios para fraudar as eleições, como assevera Eduardo Bueno:

> Apesar de criticar a "máquina eleitoral" do governo e os mecanismos por ela utilizados para fraudar os resultados das eleições, os integrantes da Aliança Liberal se serviram amplamente desses mesmos ardis. Tanto é que, no Rio Grande do Sul, a contagem "oficial" apontou 298.627 votos para Vargas contra 982 para Júlio Prestes. Nos estados controlados pelo governo federal, os resultados foram inversamente proporcionais.[67]

---

[65] FAUSTO, Boris. *História concisa do Brasil*. 2. ed. São Paulo: EDUSP, 2008. p. 178.

[66] *Ibid*., 2008, p. 171.

[67] BUENO, Eduardo. *Brasil*: uma história. São Paulo: Ática, 2004. p. 323; cf. no mesmo sentido FAUSTO, 2008, p. 179: "Júlio Prestes venceu as eleições de 1º de março de 1930. Os recursos políticos imperantes, condenados verbalmente pela Aliança, foram utilizados também por ela. As 'máquinas eleitorais' produziram votos em todos os Estados, inclusive no Rio Grande do Sul, onde Getúlio teria vencido por 298.627 votos contra 982". O autor recorda que a porcentagem de votantes chegou, naquele pleito, a 5,7% da população, uma vez que [...] "o voto não era obrigatório e o povo, em regra, encarava a política como um jogo entre os grandes ou uma troca de favores. Seu desinteresse crescia quando nas eleições para presidente os partidos estaduais se acertavam, lançando candidaturas únicas, ou quando os candidatos de oposição não tinham qualquer possibilidade de êxito".

Reforçando as fraudes eleitorais praticadas no Rio Grande do Sul, lembra Domingos Meirelles:

> A manipulação do processo eleitoral no Rio Grande foi detectada pela Câmara Federal. Sorteado para examinar a eleição em uma das cidades do interior, o deputado carioca Azevedo Lima afirmou, em seu relatório, que nenhum outro Estado o suplantara "no terreno das falsificações". Foram páginas e páginas de atas "assinadas pela mesma mão trêmula e invariável de fraudador quase iletrado", em que o número de votantes suplantava o de eleitores inscritos. A soma dos votos estava em permanente desacordo com a lista oficial. Em algumas seções, ocorrera "comparecimento exageradíssimo", sem que os responsáveis pela votação demonstrassem qualquer preocupação em dissimular a fraude. "As eleições presidenciais evidenciaram o triunfo da ata falsa. Diga-se a verdade: ata falsa de um e de outro lado", ressaltara, ao encaminhar seu parecer à mesa da Casa.[68]

No cenário eleitoral da 1ª República (1889-1930), imperavam a fraude e o voto de cabresto, uma vez que, como recorda Boris Fausto, o "coronel controlava os votantes em sua área de influência. Trocava votos, em candidatos por ele indicados, por favores tão variados quanto um par de sapatos, uma vaga no hospital ou um emprego de professora". Anota, ainda, Fausto, que, nesse cenário de comprometimento do processo eleitoral, os resultados não expressavam a realidade:

> O voto não era secreto e a maioria dos eleitores estava sujeita a pressão dos chefes políticos, a quem tratava também de agradar. A fraude eleitoral constituía prática corrente, através da falsificação de atas, do voto dos mortos, dos estrangeiros etc. Essas distorções não eram aliás novidade, representando o prolongamento de um quadro que vinha da Monarquia.[69]

[68] MEIRELLES, Domingos. *1930*: os órfãos da Revolução. 2. ed. Rio de Janeiro: Record, 2006. p. 474.

[69] FAUSTO, 2008, p. 149. Cf. no mesmo sentido SOARES, Gláucio Ary Dillon. *A democracia interrompida*. Rio de Janeiro: FGV, 2001. p. 17: "A corrupção eleitoral na República Velha era, pois, extensa. As eleições não eram uma questão eleitoral, mas uma questão de poder. A utilização do poder do estado pelos governadores, o controle da Assembléia pelo seu partido e a instituição da verificação de poderes tornavam difícil, se não impossível a eleição de um candidato que não fosse apoiado pelo governador. A norma, portanto, era que o governador 'fizesse' seu sucessor. [...] A regra absoluta era a fraude, que não era privilégio da situação: a oposição também falsificava os resultados, colocando-se o problema de dois grupos — cada qual com um documento falso que 'provava' a sua vitória eleitoral — pretendendo ocupar as mesmas posições em cada nível eleitoral: local, estadual, federal. Essa dualidade atingiu o ápice em 1914, no estado do Rio, e em 1919, na Bahia,

José Murilo de Carvalho observa, especificamente quanto ao pleito de 1930, que: "A eleição, como de costume, foi fraudada, e o governo, como de costume, declarou-se vencedor. Houve as reclamações de sempre contra as fraudes, em pura perda de tempo".[70]

As fraudes eram perpetradas com supedâneo em um cadastro eleitoral sobre o qual não se lograva exercer maiores controle e fiscalização. Assim, eleitores eram inventados, mortos ressuscitavam e ausentes compareciam, em ardil que ficou conhecido como "bico de pena". Mesmo depois das eleições, em que imperava o "voto de cabresto", os resultados eram enviados a uma Comissão Verificadora, que atuava no âmbito do Parlamento, quando então se estabelecia a "degola", uma vez que o número de votos poderia ser desconsiderado, dando-se posse a candidatos menos votados, oriundos de castas políticas favoráveis ao governo.[71]

As imperfeições da verificação exercida pelo Legislativo vinham há muito recebendo críticas, como as alinhadas por José de Alencar, ainda em 1868:

---

quando tanto a situação quanto a oposição 'deram posse' à sua Assembléia, que por sua vez elegeu o seu governador. A repetição de casos semelhantes e a ampla difusão desses procedimentos demonstram a ilegitimidade do sistema eleitoral"; NICOLAU, Jairo Marconi. *História do voto no Brasil*. Rio de Janeiro: Jorge Zahar, 2002. p. 34: "Com a República, os principais postos de poder do país tornaram-se postos eletivos. E [...], uma detalhada legislação regulou o processo de alistamento, o sistema eleitoral e o processo de votação no período. Por isso, é razoável imaginar que os cargos ocupados pelos governantes durante a Primeira República derivaram de escolhas feitas em eleições limpas. Mas isso não ocorria, pois o processo eleitoral era absolutamente viciado pelas fraudes em larga escala e, salvo poucas exceções, as eleições não eram competitivas. As eleições, mais do que expressar as preferências dos eleitores, serviram para legitimar o controle do governo pelas elites políticas estaduais"; e VISCARDI, Cláudia M. R. Aliança "Café com política". *Nossa História*, Rio de Janeiro, ano 2, n. 19, p. 44-47, maio 2005: "Diante da contínua fraude eleitoral e do baixo comparecimento às urnas, a disputa pelo voto dos eleitores perdia importância em relação à escolha prévia do candidato. O estado que conseguisse lançar uma candidatura aceita pelas bancas mais proeminentes teria a eleição garantida. E mesmo quando havia competição eleitoral, o apoio ao escolhido era quase unânime. Como um candidato poderia obter 97,9% dos votos? Foi o que aconteceu com o mineiro Afonso Pena, presidente entre 1906 e 1909. Esse índice tão pequeno de rejeição só é possível em eleições não confiáveis. O mais difícil, portanto, em uma eleição na República Velha, era sagrar-se candidato com o apoio das oligarquias dominantes".

[70] CARVALHO, José Murilo de. *Cidadania no Brasil*: o longo caminho. 9. ed. Rio de Janeiro: Civilização Brasileira, 2007. p. 95.

[71] Anota PORTO, Walter Costa. *Dicionário do voto*. Brasília: Ed. UnB, 2000. p. 157, que o termo degola "indicava, na 1ª República, no Brasil, a não aprovação e a conseqüente não diplomação, pelas comissões de reconhecimento do Senado e da Câmara dos Deputados, de candidatos que a opinião pública julgava eleitos. Não existindo, ainda, a Justiça Eleitoral, que somente seria criada, no país, pelo Código Eleitoral de 1932 (v. CÓDIGO ELEITORAL DE 1932), o julgamento das eleições, no fundo e na forma, e o reconhecimento dos eleitos, era entregue às próprias assembléias (v. VERIFICAÇÃO E RECONHECIMENTO DOS PODERES)". Cf. também PORTO, Walter Costa. *O voto no Brasil*: da colônia à 6ª república. 2. ed. Rio de Janeiro: Topbooks, 2002. p. 202: "A degola, no Parlamento, representava, então, a etapa final do processo de aniquilamento da oposição. Começava-se pela fraude na qualificação; prosseguia-se com a burla da eleição e com os arranjos na apuração, pelas juntas locais; e no final, com as depurações, do terceiro escrutínio".

> Actualmente essa jurisdicção verificadora é exercida arbitrariamente por qualquer das camaras, sem normas e sem limites. Na camara temporaria faz-se a lei no momento da decisão, e de propósito para ella: vigora umas vezes o precedente, outras não. Desta confusão resulta, que a camara eleita se desmoralisa infallivelmente com os escandalos de sua verificação.
>
> Não deve e não póde ser assim. Desde que a verificação constitue uma jurisdicção eleitoral, é mister que submetta-se ás cláusulas essenciaes de qualquer jurisdicção; deve ter uma lei que defina suas attribuições, estabelecendo a verdadeira competencia.[72]

A verificação dos poderes, ou o "terceiro escrutínio", como ficou conhecida, deixou de reconhecer durante a Primeira República, mais especialmente no período compreendido entre 1894 e 1930, em torno de 9% (nove por cento) dos diplomas que chegaram à Câmara dos Deputados.[73]

Aliada de Vargas, a Paraíba foi duramente prejudicada pela Comissão Verificadora nas eleições de 1930, sendo alcançada pela degola, conforme anota Eduardo Bueno:

> Quando os resultados oficiais do pleito de março foram anunciados, em maio, o Congresso puniu duramente a Paraíba: embora, nesse Estado, a Aliança Liberal tivesse vencido a chapa de Prestes por uma média de três votos a um, nenhum aliado de Pessoa foi empossado pela comissão verificadora do Congresso — enquanto os candidatos paraibanos pró-Prestes conseguiam seis cadeiras (uma no Senado e cinco na Câmara).[74]

Em meio a um quadro de profundas fraudes eleitorais e favorecimentos políticos, era natural que os resultados não fossem

[72] ALENCAR, José de. *O systema representativo*. Rio de Janeiro: Garnier, 1868. Ed. fac-sim. Brasília: Senado Federal, 1996. p. 139. O autor não propunha a substituição do sistema de controle, embora reconhecesse que necessitava de adequações. De determinados trechos da obra, é possível até mesmo concluir que seria partidário da manutenção do modelo a cargo das casas legislativas: "A primeira observação que suggere este systema de verificação é a de sua contradicção com o preceito universalmente admittido em materia de julgamento, que ninguem póde ser juiz em causa propria. Mas reflectindo-se bem, se reconhece o engano: não é o indivíduo eleito que decide de sua eleição; mas a camara. Realiza-se ahi o mesmo dogma representativo do julgamento dos pares, que se observa, á respeito da sociedade em geral, no jury; e á respeito das corporações, no senado, camara dos deputados e supremo tribunal de justiça".

[73] Cf. PORTO, 2002, p. 201. O autor apresenta dados coletados em pesquisa apresentada por Maria Carmem Côrtes Magalhães, em 1986, na Universidade de Brasília.

[74] BUENO, 2004, p. 323.

aceitos pelos que foram declarados perdedores em 1930[75] e que o movimento revolucionário que se encetou desde então tivesse como um dos pontos fundamentais a moralização do processo eleitoral, ganhando força a necessidade de confiar à magistratura a tarefa de organizar e qualificar as eleições.

Desde 1881, aliás, se assistia no País a uma interferência cada vez maior dos juízes no controle do processo eleitoral. A Lei nº 3.029, de 09 de janeiro de 1881, que ficou notoriamente conhecida como Lei Saraiva, embora de autoria de Rui Barbosa, confiava aos juízes a organização da lista de eleitores da sua comarca e a presidência das juntas apuradoras. Ainda que presente maior participação de magistrados, lembra Victor Nunes Leal que "A maior interferência das autoridades judiciárias na qualificação e na fase final da apuração representava, sem dúvida, um passo avante, mas reduzido em seu alcance pela dependência política dos juízes municipais e mesmo dos juízes de direito".[76]

Algumas leis posteriores reforçaram a presença dos juízes na condução dos trabalhos eleitorais, consoante anota Walter Costa Porto:

---

[75] No primeiro momento, Vargas se submeteu aos resultados eleitorais em manifesto à Nação brasileira, como anota MEIRELLES, 2006, p. 473: "O pronunciamento anódino, em que comentava oficialmente o resultado das urnas, passara quase despercebido. Descarnado de expressões que representassem desencanto ou revolta contra o presidente da República, dizia não guardar ódios nem ressentimentos, os quase 800 mil votos que recebera constituíam expressiva recompensa para as injustiças e agressões sofridas durante a campanha eleitoral. [...] O candidato da Aliança condenou apenas os 'atos de prepotência praticados pelo Congresso contra a Paraíba e Minas Gerais'. Com linguagem polida, diante da delicadeza do momento, criticou o expurgo com pitadas de mel. Com extremada cautela, chamou a atenção para a necessidade de uma legislação que coibisse os abusos do último pleito: 'estados houve, em que as urnas só se abriram nas capitais. No interior, a vontade popular não pôde se exprimir, submersa no enxurro das atas falsas'. A fala labiríntica, pontuada de expressões sinuosas, terminava com Vargas acatando 'a decisão dos poderes competentes instituídos para apuração e reconhecimento das eleições', apesar de convencido de que o sufrágio fora conduzido pela fraude. Era o roto falando mal do esfarrapado. No Rio Grande, o candidato da Aliança produzira um milagre: contabilizara cerca de 300 mil votos, contra menos de mil sufragados a Júlio Prestes. Vargas obtivera 99,9% dos votos de todo o eleitorado gaúcho".

[76] LEAL, Victor Nunes. *Coronelismo, enxada e voto*: o município e o regime representativo no Brasil. 4. ed. São Paulo: Alfa-Omega, 1978. p. 224. Interessante reflexão sobre o papel do Poder Judiciário paulista frente às denúncias de fraudes no início da República pode ser encontrada em SCHNEIDER, Marília Helena P. L. A justiça paulista e a fraude eleitoral na construção da República. *Cultura Vozes*, Petrópolis, v. 96, n. 3, p. 48-60, maio 2002. Aduz a autora: "Observa-se, a partir de 1904, uma evolução gradual das intervenções do Judiciário no processo eleitoral. A legislação ampliava-se, e a jurisprudência evoluía no sentido de limitar a autonomia do poder municipal. Por outro lado, a expressiva quantidade de recursos apresentados sugere que as disputas pelo poder nos municípios eram acirradas e que os candidatos não abriam mão de mecanismos ilícitos de controle do eleitorado. As eleições continuavam a definir, portanto, o potencial de prestígio e concentração de poder nas mãos dos coronéis espalhados pelo Estado. Nas regiões mais urbanizadas, refletiam a capacidade de organização e de expressão de um eleitorado mais independente. Quanto ao papel desempenhado pelo poder Judiciário, inicialmente, ele adotou uma postura de isolamento, admitindo que o problema da fraude e das violências deveria ser resolvido na órbita da própria municipalidade. Mesmo depois que as leis ampliaram as possibilidades de interposição de recursos, ainda assim, inúmeros recursos deixaram de ser julgados porque os ministros prendiam-se ao excessivo tecnicismo e ao formalismo do processo, de modo evidentemente pouco ou nada democrático".

> As leis promulgadas no governo Wenceslau Braz, em 1916 — a de nº 3.139, de 2 de agosto, e a de nº 3.208, de 27 de dezembro, esta última chamada "reforma Bueno de Paiva" — anularam o alistamento anterior e confiaram a qualificação para as eleições presidenciais exclusivamente às autoridades judiciárias. Somente juízes de direito decidiam dos pedidos de qualificação. Por força da lei 3.208, a apuração geral não mais se procederia nas sedes dos distritos mas nas capitais, por juntas apuradoras compostas do juiz federal, de seu substituto e do representante do Ministério Público junto ao tribunal local de 2ª instância.[77]

A reforma de 1916 foi considerada, por muitos, o ponto de partida para a criação da Justiça Eleitoral. Ela se constituiria, segundo Costa Porto, "no primeiro ensaio da Magistratura presidindo eleições e apurando-as. Mas um 'mau ensaio', pois gerara, graças às intervenções indébitas que desmoralizaram as apurações e os reconhecimentos de poderes, descrença em que os magistrados pudessem servir de garantia a uma boa representação, à expressão da verdadeira eleição popular".

Com efeito, a atuação da magistratura no processo eleitoral não foi suficiente, no primeiro momento, para pôr fim às fraudes ou mesmo para conferir maior grau de confiabilidade ao processo eleitoral.

Era necessário, segundo os artífices da Revolução (orientados pelo binômio "representação e justiça"),[78] entregar o controle das eleições a uma instituição com imparcialidade suficiente para garantir a fidedignidade de resultados, o que importou, por influência de Assis Brasil, se passasse a defender uma estrutura do Poder Judiciário com específica competência para realizar e validar as eleições, confiando a juízes a tarefa de apurar a verdade

---

[77] PORTO, 2002, p. 254.

[78] Importante reflexão sobre a Revolução de 1930 pode ser encontrada em SOARES, 2001, p. 25-26: "As forças sociais que minaram a República Velha conjugaram seus interesses com as facções da oligarquia que se sentiram prejudicadas com a eleição de Júlio Prestes. Não foi um movimento puramente oligárquico: outros grupos e classes apoiaram-no, e suas conseqüências não se limitaram à transferência do poder de um grupo oligárquico para outro. O estabelecimento de um corpo judicial independente, assim como de outras medidas tendentes a moralizar as eleições, demonstra que as forças não oligárquicas cobraram e obtiveram o preço pelo apoio à revolução. Em 1930, os objetivos das classes e setores em expansão eram fundamentalmente políticos: a expansão da cidadania, que incluía o direito ao voto livre e secreto, e o fim da fraude e da corrupção eleitorais. A extensão da cidadania, a moralização eleitoral e o fortalecimento do Estado nacional não interessavam a nenhuma das facções oligárquicas em pugna. [...] A Revolução de 1930 não foi uma revolução social".

eleitoral, em sistema bastante peculiar, que se contrapunha a modelos adotados em outros países, nos quais se privilegiava o controle político.

Assis Brasil, no clássico *Democracia Representativa: do voto e do modo de votar*, cuja primeira edição data de 1893, dava mostras de sua predileção por modelo que confiasse ao Judiciário o controle das eleições:

> Para que o cidadão vote com segurança e tranqüilidade é, antes de tudo, necessário que o elemento oficial esteja espiritual e materialmente ausente dos atos da eleição. Pelo lado material, quase todas as legislações reconhecem esta necessidade e privam a aproximação de qualquer força armada, que não seja requisitada pela mesa eleitoral, em algum caso de desordem. Quanto à influência de caráter moral que o poder público possa exercer, é necessário reduzi-la ao estritamente indispensável. Como alguma autoridade tem de servir de eixo à organização das mesas receptoras de votos, para evitar o tumulto que poderia provir de ser deixado tudo à iniciativa popular, proponho que essa autoridade seja o juiz letrado mais graduado de cada município. O Poder Judiciário, pela série de condições que reveste, é em todos os países o mais independente de paixão partidária e o menos subserviente aos governos.
>
> Tudo gira em torno da preocupação constante de combinar a simplicidade com a verdade da eleição. Só quando for simples e verdadeira, o povo poderá bem compreender esta sua única e tão elevada função política concreta; só quando a compreender bem, tomará interesse por ela e a praticará bem; só quando a praticar bem – alcançará os benefícios da liberdade.[79]

Após a Revolução de 1930, o Governo Provisório nomeou por decreto uma Comissão, dividida em cerca de vinte subcomissões, para o estudo e proposição de reformas das leis brasileiras, "segundo o espírito da Revolução Triunfante".[80] Assis Brasil foi o único dos ministros de Estado designado para uma dessas subcomissões, a denominada de *Reforma da Lei e Processo Eleitorais*, também integrada por João da Rocha Cabral e Mário Pinto Serva. A subcomissão admitiria que se tornara no Brasil uma aspiração geral "arrancar-se

---

[79] BRASIL, Joaquim Francisco de Assis. Democracia representativa: do voto e do modo de votar. 5. ed. *In*: BROSSARD, Paulo (Org.). *Idéias políticas de Assis Brasil*. Brasília: Senado Federal, 1989. v. 2, p. 18-200, p. 162-163.

[80] *Ibid.*, 1989, p. 21.

o processo eleitoral, ao mesmo tempo, do arbítrio dos governos e da influência conspurcadora do caciquismo local".

A Subcomissão elaborou os anteprojetos que resultariam no Código Eleitoral de 1932, propondo

> uma especial magistratura, tanto quanto possível independente do arbítrio do governo, ainda mesmo em relação aos seus órgãos auxiliares, de caráter administrativo; e, sendo a função judicante, mesmo em matéria eleitoral, distinta da técnica e administrativa, propunha tribunais e juízes especiais para exercerem a primeira, e repartições e funcionários também especiais para o desempenho da segunda.[81]

Surge, assim, por meio da edição do Decreto nº 21.076, de 24 de fevereiro de 1932, o Código Eleitoral, responsável por inegáveis avanços, introduzindo o voto secreto (art. 57), o voto feminino (art. 2º) e o sistema de representação proporcional (art. 58), além de instituir a Justiça Eleitoral no Brasil (art. 5º), "com funções contenciosas e administrativas", confiando a um ramo especializado do Poder Judiciário a tarefa de executar e qualificar as eleições.[82] Em 20 de maio daquele ano, foi instalado o Tribunal Superior da Justiça Eleitoral, com oito integrantes e sob a presidência do ministro Hermenegildo Rodrigues de Barros, então vice-presidente do Supremo Tribunal Federal.[83]

A Justiça Eleitoral atuou pela primeira vez nas eleições da Assembleia Constituinte de maio de 1933 (1,2 milhão de eleitores elegeram 214 constituintes, dentre os quais a primeira parlamentar

---

[81] PORTO, 2002, p. 257-258. Lembra o autor que, até então, outros países já haviam confiado o controle das eleições ao Poder Judiciário, tendo merecido referência no anteprojeto, dentre os quais, Argentina, Uruguai, Inglaterra, Portugal, Alemanha e Áustria.

[82] Sobre os avanços do Código Eleitoral de 1932, anota NICOLAU, 2002, p. 39: [...] "a medida mais importante para tornar as eleições mais limpas foi a criação da Justiça Eleitoral, que ficou com a responsabilidade de organizar o alistamento, as eleições, a apuração dos votos e o reconhecimento e a proclamação dos eleitos". Conferir também TELLES, Olivia Raposo da Silva. *Direito eleitoral comparado*: Brasil, Estados Unidos, França. São Paulo: Saraiva, 2009. p. 111-112: "O ideal de atingir a 'verdade eleitoral' por meio da moralização das eleições foi cristalizado no Decreto n. 21.076, de 24 de fevereiro de 1932, que aprovou o Código Eleitoral e determinou fundas alterações no direito do voto: representação proporcional, sufrágio feminino, voto secreto. Nas palavras de Bolívar Lamounier, em 1932-1933, o Brasil descobriu um verdadeiro 'ovo de Colombo', hoje visto com muito interesse por outros países, desejosos de instaurar ou de aprimorar seus processos democráticos: um órgão estatal, imperativo, funcional, especializado, que retira as paixões políticas do controle dos interessados diretos, os políticos e os partidos. De fato, o novo Código alterou também radicalmente a administração do processo eleitoral, criando uma instituição judiciária, formalmente independente dos poderes políticos, à qual foram confiados o alistamento, a apuração dos votos e o reconhecimento e a proclamação dos eleitos — a Justiça Eleitoral".

[83] O art. 9º, do Código Eleitoral de 1932 previa que o Tribunal Superior da Justiça Eleitoral seria integrado por três ministros do Supremo Tribunal Federal e presidido pelo Vice-Presidente do STF.

brasileira: Carlota Pereira de Queirós). Como recorda Walter Costa Porto, as eleições de 1933 foram "saudadas como 'eleições verdadeiras' em que os eleitos se tranqüilizaram com os reconhecimentos entregues exclusivamente à magistratura. Desaparecera, segundo os comentadores, a desmoralização dos reconhecimentos políticos, das degolas eleitorais e da falsificação do voto".[84]

Com efeito, se a maior participação do Poder Judiciário no controle das eleições se mostrou ineficiente à primeira vista, findou por se mostrar bem-sucedida após a criação de uma estrutura judiciária específica para controlar o processo eleitoral, como observa Nunes Leal

> é compreensível que o código de 32, confiando à magistratura todo o processo eleitoral, desde a qualificação até a apuração dos votos e proclamação dos eleitos, tenha sido celebrado como preciosíssima conquista revolucionária. Com efeito, de todas as eleições havidas até então foram as de maio de 1933 as mais regulares quanto ao mecanismo do alistamento, da votação e da apuração e reconhecimento. Na cúpula do sistema estava o Superior Tribunal Eleitoral, que decidia as dúvidas e impugnações em estilo judiciário, isto é, pelo alegado e provado e, segundo consta, sem interferência da política partidária.[85]

A criação da Justiça Eleitoral representou, conforme anotam Filomeno Moraes e Martônio Mont'Alverne Barreto Lima, "o primeiro resultado significativo do esforço de modernização institucional do Estado brasileiro".[86] Já para Cármen Lúcia Antunes Rocha, com ela [Justiça Eleitoral], "tem-se o completamento de um

[84] PORTO, 2002, p. 258.

[85] LEAL, 1978, p. 241.

[86] MORAES, Filomeno; LIMA, Martônio Mont'Alverne Barreto. Partidos políticos y elecciones: la justicia electoral en la construcción de la democracia brasileña. *In*: EMMERICH, Gustavo Ernesto (Coord.). *Ellos y nosotros*: democracia y representación en el mundo actual. México: Demos, 2006. p. 213-230, p. 219-220. Tradução livre de: "el primer resultado significativo del esfuerzo de modernización institucional del estado brasileño". Acrescentam os autores que: "Este esfuerzo modificó el sistema electoral tradicional practicado desde el periodo imperial. En esa versión antigua, el control de las elecciones era practicado por el Poder Legislativo, que verificaba los mandatos de los representantes de la siguinte legislatura. Así, los miembros del Congresso Nacional inaugurado em 1891, después de la proclamación de la República, veían sus poderes verificados y confirmados por la Comisión de Verificación. No es difícil imaginar el poder de esta Comisión ni los esfuerzos de ingeniería política para conseguir dominio sobre ella durante la formación del estado republicano en Brasil. La Comisión de Verificación confirmó su importancia al constituirse como elemento que facilitaba la conocida 'política de los gobernadores', característica del primer período republicano que culminaria em 1930, cuando comienza la Era Vargas".

sistema político firmado no princípio da democracia representativa", demonstrando-se a "fundamentalidade do processo eleitoral como manifestação mais densa da liberdade política que se reconhecia ao cidadão e que se concentrava ou se tornava excelente pelo exercício do direito-dever de voto".[87]

Após a sua instituição e atuação bem-sucedida no pleito de 1933, o País presenciaria, no ano seguinte, a sua consagração no plano constitucional.

2.1.2 A constitucionalização da Justiça Eleitoral em 1934

Mais tarde, em 1934, foi editada outra Constituição, que contempla pela primeira vez a Justiça Eleitoral. Durante os debates da Constituinte, lembrava Assis Brasil a necessidade de exterminar as fraudes que imperaram até as eleições de 1930: "No regime que botamos abaixo com a Revolução, ninguém tinha a certeza de se fazer qualificar, como a de votar... Votando, ninguém tinha a certeza de que lhe fosse contado o voto... Uma vez contado o voto, ninguém tinha a segurança de que seu eleito havia de ser reconhecido através de uma apuração feita dentro desta Casa e por ordem, muitas vezes, superior".[88]

A Carta de 1934 previra, no art. 1º das Disposições Transitórias, que, promulgada a Constituição, a Assembleia Nacional Constituinte elegeria, no dia imediato, o Presidente da República para o primeiro quadriênio constitucional. Assim foi feito e Vargas findou eleito em 15 de julho de 1934 para um mandato que perduraria até 03 de maio de 1938.

---

[87] ROCHA, 1996, p. 388-389.

[88] BRASIL, Assis *apud* LEAL, 1978, p. 230. Em escrito anterior, datado de 1925, Assis Brasil, lançando mão das mesmas palavras, anotara que "O Brasil pretende ser considerado um país civilizado; pois bem, o Brasil não dispõe das duas condições mais rudimentares e essenciais para tal, porque o BRASIL NÃO TEM REPRESENTAÇÃO E NÃO TEM JUSTIÇA. Será preciso justificá-lo aos olhos dos brasileiros? Seria quase fazer agravo a esses trinta e tantos, a esses talvez quarenta milhões de habitantes do nosso território-colosso provar o que todos vêem, o que todos sentem, o que todos lamentam, isto é, que, sob as leis existentes: ninguém tem certeza de ser alistado eleitor; ninguém tem certeza de votar, se por ventura foi alistado; ninguém tem certeza de que lhe contem o voto, se por ventura votou; ninguém tem certeza de que esse voto, mesmo depois de contado, seja respeitado na *apuração da apuração*, no chamado *terceiro escrutínio*, que é arbitrária e descaradamente exercido pelo déspota substantivo, ou pelos déspotas adjetivos, conforme o caso for da representação nacional ou das locais" (BRASIL, Joaquim Francisco de Assis. Democracia representativa: do voto e do modo de votar. 5. ed. *In*: BROSSARD, Paulo (Org.). *Idéias políticas de Assis Brasil*. Brasília: Senado Federal, 1989. v. 3, p. 275-284, p. 277).

Em maio de 1935, pela Lei nº 48, foi editado um novo Código Eleitoral, que manteve a estruturação da Justiça Eleitoral tal como contemplada na Carta de 34. O diploma teria pouca utilidade, como se verá.

2.1.3 O golpe do Estado Novo e a extinção da Justiça Eleitoral

Como anota Boris Fausto, após a Constituição de 1934, "parecia enfim que o país iria viver sob um regime democrático. Entretanto, pouco mais de três anos após ser promulgada a Constituição, o golpe do Estado Novo frustrou essas esperanças".[89] O Brasil dos anos 30 foi marcado pelo avanço das ideias autoritárias — que ganhavam força na Europa após a Primeira Guerra Mundial —, passando-se a difundir no País a necessidade de uma

> modernização conservadora, [segundo a qual] em um país desarticulado [...], cabia ao Estado organizar a nação para promover dentro da ordem o desenvolvimento econômico e o bem-estar geral. Nesse percurso, o Estado autoritário poria fim aos conflitos sociais, às lutas partidárias, aos excessos da liberdade de expressão, que só serviam para enfraquecer o país.[90]

Esse ideário serviu de base para o "golpe do Estado Novo", em 10 de novembro de 1937. Na noite daquele dia, anota Eduardo Bueno:

> Getúlio Vargas fez um pronunciamento radiofônico à nação. "Quero instituir um governo de autoridade, liberto das peias da chamada democracia liberal, que inspirou a Constituição de 34" disse. "Nos períodos de crise, como o que atravessamos, a democracia dos partidos [...] subverte a hierarquia, ameaça a unidade pátria e põe em perigo a existência da nação".
>
> Naquela manhã, para afastar tal "perigo", Vargas aboliu os partidos e o Parlamento, prendeu seus adversários e baixou uma nova Constituição. Redigida pelo jurista Francisco Campos, a Carta de 37 se baseava na Constituição autoritária da Polônia.[91]

---

[89] FAUSTO, 2008, p. 194.
[90] *Ibid.*, p. 195-196.
[91] BUENO, 2004, p. 334.

A Constituição de 1937 extinguiu a Justiça Eleitoral. A carta, lembra Costa Porto, omitia a "indicação de organismo a que fossem afetas a verificação e o reconhecimento dos poderes dos membros do Parlamento", indicando que "foi verdadeiramente lamentável que uma das maiores conquistas dos revolucionários de 30" viesse a ser negada precisamente por aquele a quem se delegara o cumprimento das promessas de "Representação e Justiça".[92]

2.1.4 A redemocratização em 1945

A Justiça Eleitoral foi recriada no final de 1945, pelo Decreto nº 7.586, de 28 de maio, uma vez que a Lei Constitucional nº 9, de 28 de fevereiro daquele ano, previra o restabelecimento das eleições diretas para presidente da República, Câmara e Senado Federais.[93]

Após a eleição de um novo presidente (Eurico Dutra) e uma nova Assembleia Constituinte em 02 de dezembro de 1945, restou promulgada, em 18 de setembro de 1946, uma nova Constituição, que voltou a contemplar a Justiça Eleitoral dentre os órgãos do Poder Judiciário, situação que perdura até os dias atuais, uma vez que, nem mesmo o período de exceção vigente entre 1964 e 1985 foi capaz de fazê-la desaparecer.

2.1.5 O regime de exceção em 1964 e o papel da Justiça Eleitoral na redemocratização

Ainda que com limitações próprias de um regime ditatorial, tal como o instalado no País em 1964, a Justiça Eleitoral continuou a atuar nas eleições diretas proporcionais para a Câmara dos Deputados, assembleias legislativas e câmaras municipais,[94] vindo

---

[92] PORTO, 2002, p. 274.

[93] Importa observar que a Lei Constitucional nº 9/45, embora prevendo a realização de eleições, não restabeleceu a Justiça Eleitoral, conforme se observa da redação de seu art. 4º: "Dentro de noventa dias contados desta data serão fixadas em lei, na forma do art. 180 da Constituição, as datas das eleições para o segundo período presidencial e Governadores dos Estados, assim como das primeiras eleições para o Parlamento e as Assembléias Legislativas. Considerar-se-ão eleitos e habilitados a exercer o mandato, independentemente de outro reconhecimento, os cidadãos diplomados pelos *órgãos incumbidos de apurar a eleição*. O Presidente eleito tomará posse, trinta dias depois de lhe ser comunicado o resultado da eleição, perante *o órgão incumbido de proclamá-lo*. O Parlamento instalar-se-á sessenta dias após a sua eleição" (grifou-se).

[94] Conforme anota NICOLAU, 2002, p. 55: "Uma das singularidades do regime militar instaurado em 1964 no Brasil foi a manutenção de eleições diretas para alguns cargos. Em meio a toda sorte

a assumir um papel fundamental para a redemocratização do País depois das duas décadas de governos militares (1964-1985).

A eleição de Tancredo Neves em 1985 somente foi possível graças ao posicionamento firmado pelo TSE quanto à impossibilidade de exigir-se a fidelidade partidária no Colégio Eleitoral.

A Emenda Constitucional nº 1, de 1969, estabelecera a fidelidade, inclusive prevendo a perda de mandato para os que deixassem de observar as resoluções dadas como imperativas.[95] A composição do Colégio Eleitoral, formado por senadores "biônicos", oriundos do "Pacote de Abril" de 1977, além de deputados estaduais indicados pelas bancadas majoritárias das respectivas assembleias legislativas, fazia crer numa vitória situacionista. O TSE, contudo, como anota Maria Tereza Aina Sadek,

> com o voto unânime de seus membros, primeiro derrubou a fidelidade partidária para o voto no Colégio Eleitoral e depois se recusou a aceitar o pedido da direção do PDS de arquivar, com força de diretriz partidária, a obrigatoriedade de seus parlamentares sufragarem os nomes de Paulo Salim Maluf e Flávio Portella Marcílio para os cargos de Presidente e vice-presidente da república, respectivamente.[96]

Diante da posição do TSE, a oposição, respeitando as regras do jogo, elegeu o primeiro presidente civil no colégio eleitoral (que havia sido concebido para referendar o candidato ungido pela situação). Coroou-se, de tal maneira, a abertura política com um processo eleitoral competitivo, embora indireto, graças à atuação firme da Justiça Eleitoral.

Já nas eleições presidenciais de 1989, as primeiras com voto direto após o regime de exceção, mais uma vez a Justiça Eleitoral exerceu papel fundamental para a estabilidade democrática. Como observa Sadek, a Justiça Eleitoral foi um agente decisivo durante todo o processo, o que é justificável, dentre outros fatores, pelas

---

de casuísmos legislativos, durante 13 anos (1966-79) os dois únicos partidos que conseguiram se organizar (ARENA e MDB) disputaram as preferências do eleitorado. Ainda que dezenas de parlamentares tenham sido cassados e o Congresso tenha sido fechado em duas ocasiões, as eleições proporcionais não foram suspensas e os eleitores escolheram deputados federais, deputados estaduais (1966, 1970, 1974 e 1978) e vereadores (1972 e 1976)".

[95] EC nº 1/69, Art. 152, Parágrafo único: "Perderá o mandato no Senado Federal, na Câmara dos Deputados, nas Assembléias Legislativas e nas Câmaras Municipais quem, por atitudes ou pelo voto, se opuser às diretrizes legitimamente estabelecidas pelos órgãos de direção partidária ou deixar o partido sob cuja legenda foi eleito. A perda do mandato será decretada pela Justiça Eleitoral, mediante representação do partido, assegurado o direito de ampla defesa".

[96] SADEK, 1995, p. 42.

lacunas da legislação eleitoral, as quais reclamavam uma atuação normativa do Judiciário Eleitoral. Assevera a autora que

> Espaços abertos pela legislação, que poderiam transformar-se em importante fato gerador de instabilidade ou mesmo de descrédito no processo eleitoral, foram ocupados pela Justiça Eleitoral. Agindo dessa forma, ela manteve a estabilidade do processo e reafirmou sua autoridade regulamentadora.[97]

A atuação da Justiça Eleitoral naquele pleito foi decisiva em pelo menos quatro situações: a) a regulamentação da propaganda eleitoral; b) as decisões referentes à divulgação de pesquisas e à realização de debates; c) a deliberação no "caso Sílvio Santos"; e d) o desempenho na apuração dos votos.

Quanto à propaganda eleitoral, é fundamental recordar que, pela primeira vez, não se praticou a censura prévia ou simultânea aos programas apresentados pelos partidos políticos. Os ataques, a partir de então, passaram a ensejar direito de resposta aos ofendidos, sem prejuízo de sanções criminais, quando configurada a prática de calúnia, injúria ou difamação eleitorais.

No que concerne à divulgação de pesquisas, a legislação vedava sua ocorrência nos trinta dias anteriores à eleição no primeiro turno e nos dez dias anteriores ao segundo, o que foi julgado inconstitucional pelo TSE.[98]

Já quanto aos debates, havia previsão de que somente poderiam ser realizados com a presença de todos os candidatos, o que foi afastado pelo TSE, entendendo que deveria prevalecer o *direito do eleitor quanto a avaliar os candidatos, em detrimento do direito do candidato de participar do debate.*

O "episódio Sílvio Santos" versava sobre a tentativa do conhecido apresentador de TV quanto a registrar candidatura às vésperas do pleito, o que faria se beneficiando do veto do presidente José Sarney ao dispositivo da legislação eleitoral que exigia prévia filiação de seis meses como condição de elegibilidade.

No caso, como lembra Maria Tereza Sadek, "a credibilidade da Justiça Eleitoral foi colocada em xeque, num grau também inédito

---

[97] *Ibid.*, 1995, p. 45.

[98] Medida de parecido teor constou da Lei nº 11.300/06, que institui a minirreforma eleitoral, sendo igualmente declarada inconstitucional, todavia, pelo Supremo Tribunal Federal, sob o argumento de que violaria o direito à informação.

na história da instituição".[99] Ao final, o Tribunal Superior indeferiu a postulação, ao argumento de que o partido pelo qual concorreria Sílvio Santos, o PMB, não reunia os pressupostos exigidos para sua existência legal.

A lentidão na apuração criou, nas eleições de 1989, situação de vulnerabilidade para a Justiça Eleitoral. Os boatos quanto à existência de fraudes, porém, não se confirmaram, não se logrando apresentar indício minimamente robusto de manipulação de resultados. A atuação do Judiciário Eleitoral foi, assim, fundamental para assegurar a apuração da verdade das urnas.

Desde então, a Justiça Eleitoral comanda eleições a cada dois anos, além de consultas populares, como plebiscitos e referendos, assegurando, pela confiabilidade e firmeza de sua atuação, a certeza quanto à verdade dos resultados (*ainda que sob o ponto de vista formal*, como se examinará no Capítulo seguinte).

2.1.6 A era digital, o voto eletrônico e a consolidação da Justiça Eleitoral como instância de qualificação das eleições

Pesquisa realizada pelo Instituto Nexus, a pedido do Tribunal Superior Eleitoral, e cujos resultados foram divulgados em 15 de janeiro de 2009, revelou que a Justiça Eleitoral é a instituição mais confiável do Brasil. Dos dois mil (2000) entrevistados, residentes em 26 Estados, setenta e três por cento (73%) disseram confiar total ou parcialmente na Justiça Eleitoral e a avaliaram como ótima ou boa.[100]

Os dados revelados são muito semelhantes aos divulgados em pesquisa realizada após o segundo turno da eleição presidencial de 2006. No pleito realizado em 29 de outubro daquele ano, envolvendo os candidatos Lula e Alckmin, o Presidente do TSE anunciou, às 19h28min do mesmo dia — duas horas e meia antes do previsto — que, àquela altura, já totalizados 90,59% dos votos, o presidente Lula angariara votos suficientes para ser reeleito.[101]

[99] SADEK, 1995, p. 49.

[100] Cf. BRASIL. Tribunal Superior Eleitoral. Centro de Divulgação da Justiça Eleitoral. *Pesquisa mostra que a justiça eleitoral é a instituição mais confiável para 73% dos entrevistados*. Disponível em: <www.tse.gov.br>. Acesso em: 08 ago. 2009. Na mesma pesquisa, 97% dos entrevistados aprovaram o processo eletrônico de votação.

[101] Cf. TSE bate recorde e anuncia novidades. *Gazeta Mercantil*, São Paulo, edição de 31 de outubro de 2006, editorial de política, p. A-11.

A agilidade na divulgação dos resultados, aliada à confiabilidade do sistema informatizado de votação e apuração, que tem atraído a atenção de observadores de vários países,[102] projetam o reconhecimento da Justiça Eleitoral aos olhos da população brasileira.[103]

O fortalecimento da instituição a quem é confiada a apuração da verdade eleitoral, incluída, como visto, dentre as mais, se não a mais confiável do País, não assegura, por si, a consolidação do regime democrático no Brasil, todavia representa condição indispensável para que se a consiga.

Ainda que carecendo de alguns reparos, como será examinado adiante, o sistema jurisdicional adotado no Brasil é aplaudido, reconhecendo-se ser ele, como anota Fávila Ribeiro, o mais afeiçoado para o controle eleitoral e garantia da autenticidade da participação popular e lisura dos resultados emanados do sufrágio popular.

Dele não diverge Afrânio Faustino de Paula Filho, ao asseverar que o sistema vigente, mesmo com pecados inevitáveis, "está aprovado e carece apenas de alguns retoques. Só de o processo eleitoral estar entregue ao Poder Judiciário, pode a Nação ter confortável sossego [...] Seria pecado grave, pensar em tirar do Judiciário a condução do processo eleitoral".[104]

Já Cármen Lúcia Antunes Rocha lembra que

> Adotada a democracia representativa, a questão eleitoral atinge a mais alta relevância. E essa questão, que se espraia por uma multiplicidade de elementos políticos e jurídicos, mostra-se mais

---

[102] Setenta e uma pessoas (71) pessoas de dezessete (17) países acompanharam as últimas eleições presidenciais no Brasil (2006). Malgrado receber os observadores de países interessados no sistema aqui desenvolvido, dentre os quais os norte-americanos, o TSE adotou a posição de não mais emprestar urnas eletrônicas para a realização de eleições em outros países, como ocorreu em passado recente com Argentina, Equador, Rep. Dominicana, Paraguai e México.

[103] Calha lembrar que o reconhecimento também é verificado em pesquisas realizadas com magistrados. Numa consulta realizada em 2005, pela Associação dos Magistrados Brasileiros, 64,8% dos entrevistados avaliaram como boa ou muito boa a agilidade da Justiça Eleitoral (contra 9,9% do Judiciário como um todo), e 53,4% consideram boa ou muito boa a sua imparcialidade.

[104] PAULA FILHO, Afranio Faustino de. *Sistemas de controle do processo eleitoral.* Rio de Janeiro: Lumen Juris, 1998. p. 82-83; em idêntico sentido, cf. COSTA, Adriano Soares da. *Instituições de direito eleitoral.* 7. ed. Rio de Janeiro: Lumen Juris, 2008. p. 246: "A solução se revela a mais consentânea com a nossa realidade sociopolítica, mercê de várias razões: em primeiro lugar, restou confiada a um Poder desinteressado a licitação de acesso aos mandatos eletivos, tornando mais equilibrada a disputa. Outrossim, aproveitando-se da estrutura local do Poder Judiciário, em parte solucionou-se o dilema da criação de uma estrutura cara e inchada, com a finalidade de atuar mais efetivamente apenas de biênio em biênio. *Last, but not least,* justapôs vantajosamente, em único órgão, as atribuições administrativas e jurisdicionais, possibilitando uma importante harmonia na efetivação das normas eleitorais".

> nítida quando se depara com a dificuldade da superação de todos os obstáculos que os interesses humanos põem para o perfeito cuidado e gestão da *res publica*, em atendimento ao interesse público concreto segundo o desejo manifesto e a necessidade da sociedade objetivamente apurada. A possibilidade de lesão à vontade efetiva e livremente declarada dos cidadãos e a ameaça da macroinjustiça social daí decorrente, a comprometer irremediavelmente a democracia, revelam a imperiosidade de um sistema de controle jurisdicional da verdade eleitoral. A Justiça Eleitoral é uma garantia da Democracia de Direito.[105]

A instituição da Justiça Eleitoral trouxe inegáveis avanços para a correção dos procedimentos eleitorais no Brasil. O fato de se haver atribuído a um órgão judiciário, acima dos interesses político-partidários, a tarefa de realizar e qualificar as eleições, conta com a confiança de grande parte do eleitorado e dos atores do processo eleitoral, todavia nem tudo é motivo de comemoração, como se demonstrará no último capítulo desta obra.

2.2 A evolução da Justiça Eleitoral no constitucionalismo brasileiro

À exceção da Carta de 1937, todas as constituições brasileiras editadas após o Código Eleitoral de 1932 contemplaram a Justiça Eleitoral, incluindo-a nos ramos do Poder Judiciário, não deixando dúvidas sobre se haver contemplado na história recente do constitucionalismo nacional o sistema jurisdicional de controle das eleições.

A análise das diversas cartas constitucionais revela, contudo, que as mudanças ao longo de mais de sete décadas de existência da Justiça Eleitoral foram mínimas, ao menos quanto à sua estrutura e forma de recrutamento de magistrados, percebendo-se que vigoram, ainda hoje, postulados que se firmaram quando da criação do Poder Judiciário Eleitoral, dentre os quais: a ausência de magistratura de carreira e a temporariedade da investidura dos juízes.

Além disso, como se observará adiante, a premência desses e de outros postulados que animaram a criação da Justiça Eleitoral serve para uma atuação ainda tímida de juízes e tribunais eleitorais

[105] ROCHA, 1996, p. 377-392, p. 378.

diante dos novos desafios que se lhes apresentam, notadamente quando muito se avançou no sentido de garantir a lisura dos pleitos sob o ponto de vista formal (imperando a certeza de que o voto dado é contabilizado e será transformado em mandatos), mas não ainda sob o aspecto de assegurar a liberdade do eleitor.

O exame da evolução das disposições acerca da Justiça Eleitoral no constitucionalismo brasileiro pode ser feito com especial enfoque sobre a estrutura e composição de seus órgãos, uma vez que é esse o núcleo presente nas diversas cartas constitucionais que a contemplaram. Ademais, se nota clara tendência do constituinte nacional em reservar a normas infraconstitucionais a regulação de outros aspectos do Poder Judiciário Eleitoral, como ocorre atualmente mediante a previsão do art. 121, da Carta de 88, que remeteu ao legislador complementar dispor sobre a organização e competência da Justiça Eleitoral, embora, como é cediço, tal diploma, passados vinte anos desde a entrada em vigor da Constituição, ainda não tenha sido editado.[106]

Algumas constituições, como se verá, chegaram a dispor sobre a competência da Justiça Eleitoral, ainda que em linhas gerais, o que foi abandonado pela Lei Maior promulgada em 1988, que remeteu tal encargo ao legislador complementar, cingindo-se a contemplar regras sobre a irrecorribilidade das decisões do TSE e sua competência em matéria recursal.

2.2.1 A Justiça Eleitoral na Constituição de 1934

A Constituição de 1934, como assinalado há pouco, foi a primeira a contemplar a Justiça Eleitoral, instituída em 1932, com a entrada em vigor do Decreto nº 21.076.

Antes de examinar suas disposições, porém, é necessário recordar o perfil conferido à Justiça Eleitoral pela legislação codificada de 1932.

---

[106] Sobre o tema, conferir OLIVEIRA, Marcelo Roseno de. *Direito eleitoral*: reflexões sobre temas contemporâneos. Fortaleza: ABC, 2008. p. 205-207. A tendência é percebida nos demais países da América Latina, conforme alinha OROZCO HENRÍQUEZ, 2007, p. 1170: "En la mayoría de los países se ha optado por establecer en las constituciones sólo principios genéricos sobre el contencioso electoral — siendo algunos algo más explícitos, al incluir la forma de designación de los integrantes del órgano electoral cúspide, ya sea administrativo o jurisdiccional — y dejar a la legislación secundaria, entre otras cuestiones, la regulación de los aspectos técnicos específicos. Lo anterior obedece a que el procedimiento para reformar la legislación secundaria es más flexible, si bien hay casos (como los de Argentina, Guatemala, Nicaragua y Uruguay) en los que la Constitución exige una mayoría calificada para reformar la legislación electoral".

O Poder Judiciário Eleitoral seria integrado, de acordo com o Código, pelo Tribunal Superior, com sede na Capital da República, tribunais regionais eleitorais (na Capital de cada Estado, no Distrito Federal, e na sede do Governo do Território do Acre) e juízes eleitorais, com atuação nas comarcas, distritos ou termos judiciários.

O diploma assegurou aos magistrados eleitorais as garantias da magistratura federal, estabelecendo que a investidura dos membros dos tribunais teria duração mínima de dois anos. O Tribunal Superior da Justiça Eleitoral seria composto de oito membros efetivos e oito substitutos, dentre os quais o vice-presidente do Supremo Tribunal Federal, que o presidiria.

Os demais membros seriam designados do seguinte modo:

a) dois efetivos e dois substitutos, sorteados dentre os ministros do Supremo Tribunal Federal;
b) dois efetivos e dois substitutos, sorteados dentre os desembargadores da Corte de Apelação do Distrito Federal;
c) três efetivos e quatro substitutos, escolhidos pelo Chefe do Governo Provisório dentre 15 cidadãos, propostos pelo Supremo Tribunal Federal.

A escolha dos cidadãos exigia requisitos como: "notável saber jurídico e idoneidade moral; não ser funcionário demissível *ad nutum*; não fazer parte da administração de sociedade ou empresa que tenha contrato com os poderes públicos, ou goze, mediante concessão, de isenções, favores ou privilégios; ser domiciliado na sede do Tribunal".

No rol de competências do Tribunal, destacavam-se o exercício da função normativa, de nítido cunho regulamentar, mediante atribuição de "fixar normas uniformes para a aplicação das leis e regulamentos eleitorais, expedindo instruções que entenda necessárias", além da atividade jurisdicional propriamente dita, incumbindo-lhe julgar, em última instância, os recursos interpostos das decisões dos Tribunais Regionais.

Releva notar, ainda, que o Código de 1932, com claro objetivo de fortalecer a instituição ali criada, previa a irrecorribilidade das decisões do Tribunal Superior, nos termos do art. 15, estabelecendo que os julgados da Corte, nas matérias de sua competência, poriam termo aos processos.

Os tribunais regionais seriam compostos por seis membros efetivos e seis substitutos, sendo presididos pelo vice-presidente do Tribunal de Justiça de mais alta graduação. Os demais membros seriam designados do seguinte modo: um juiz federal, dois efetivos e dois substitutos dentre membros do Tribunal de Justiça local (mediante sorteio) e dois membros efetivos e três substitutos dentre 12 cidadãos indicados pelo Tribunal de Justiça, cujo recrutamento deveria observar os mesmos requisitos estabelecidos para os que comporiam o TSE.

Aos tribunais regionais competiria, dentre outras atribuições, julgar, em segunda instância, os recursos interpostos das decisões dos juízes eleitorais; bem assim "fazer a apuração dos sufrágios e proclamar os eleitos".

Os juízes eleitorais seriam recrutados dentre os "juízes locais vitalícios", competindo-lhes, dentre outras atribuições, "preparar os processos eleitorais, servindo também como juízes de instrução, ao Tribunal Regional, em virtude de delegação expressa deste"; e despachar, em primeira instância, "os requerimentos de qualificação e as listas de cidadãos incontestavelmente alistáveis, enviadas pelas autoridades competentes".

Em 1933, o Decreto nº 23.017 diminuiu de oito para sete os membros do Tribunal Superior da Justiça Eleitoral, suprimindo um dos juristas, àquela altura ainda indicados pelo "Chefe do Governo Provisório".

Observa-se, com efeito, que, quando da entrada em vigor da Constituição de 1934, a Justiça Eleitoral já estava estruturada pelo Código Eleitoral. A Carta incluiu os juízes e tribunais eleitorais dentre os órgãos do Poder Judiciário (art. 63, "d") e inovou quanto ao perfil da instituição, uma vez que, não obstante contemplasse o TSE, TRE's e juízes eleitorais, fez incluir *as juntas especiais destinadas à apuração dos votos nas eleições municipais* (formadas por três membros, sendo dois juízes, pelo menos), delineando-se, com isso, o esboço institucional que a Justiça Eleitoral conservaria até os dias atuais, de acordo com o qual é ela integrada por órgãos de quatro categorias distintas, não obstante atuando em três graus de jurisdição, uma vez que juízes e juntas ocupam o mesmo patamar.

Segundo a Carta de 34, o Plenário do TSE seria integrado por sete membros, sendo três Ministros do Supremo Tribunal Federal, dois desembargadores do Distrito Federal e dois cidadãos de "notável saber jurídico e reputação ilibada, indicados pela Corte Suprema", e que não fossem incompatíveis por lei.

Já quanto aos regionais, a Constituição previu composição análoga: "um terço, dentre os Desembargadores da respectiva sede; outro do Juiz federal que a lei designar e de Juízes de Direito com exercício na mesma sede; e os demais serão nomeados pelo Presidente da República, sob proposta da Corte de Apelação". As cortes regionais eram presididas pelo Vice-Presidente da Corte de Apelação.

Aos juízes locais vitalícios continuavam a caber as funções de juízes eleitorais, com jurisdição plena.

Estabeleceu-se a periodicidade da investidura nos tribunais eleitorais, cujos membros serviriam obrigatoriamente por dois, nunca, porém, por mais de dois biênios consecutivos, e foram estendidas aos magistrados eleitorais garantias de inamovibilidade e irredutibilidade de vencimentos.

O legislador constituinte tratou de alinhar a competência da Justiça Eleitoral, preocupação que seria abandonada em constituições que a sucederam, como a atual, que remete tal encargo ao legislador complementar. O art. 83 previu:

> Art. 83 – À Justiça Eleitoral, que terá competência privativa para o processo das eleições federais, estaduais e municipais, inclusive as dos representantes das profissões, e excetuada a de que trata o art. 52, §3º, caberá:
>
> a) organizar a divisão eleitoral da União, dos Estados, do Distrito Federal e dos Territórios, a qual só poderá alterar qüinqüenalmente, salvo em caso de modificação na divisão judiciária ou administrativa do Estado ou Território e em conseqüência desta;
>
> b) fazer o alistamento;
>
> c) adotar ou propor providências para que as eleições se realizem no tempo e na forma determinados em lei;
>
> d) fixar a data das eleições, quando não determinada nesta Constituição ou nas dos Estados, de maneira que se efetuem, em regra, nos três últimos, ou nos três primeiros meses dos períodos governamentais;
>
> e) resolver sobre as argüições de inelegibilidade e incompatibilidade;
>
> f) conceder *habeas corpus* e mandado de segurança em casos pertinentes à matéria eleitoral;
>
> g) proceder à apuração dos sufrágios e proclamar os eleitos;
>
> h) processar e julgar os delitos, eleitorais e os comuns que lhes forem conexos;

i) decretar perda de mandato legislativo, nos casos estabelecidos nesta Constituição e nas dos Estados.

Estabeleceu-se expressamente a possibilidade de que as decisões do TSE fossem objeto de recurso dirigido ao Supremo, sempre que interpretassem a Constituição ou denegassem *habeas corpus*. Os regionais decidiriam em última instância sobre as eleições municipais, salvo nos casos de interpretação da Constituição e denegação de *habeas corpus*, quando a decisão desafiaria recurso diretamente para a Corte Suprema, ou ainda quando decidissem contrariamente à jurisprudência do TSE, quando caberia recurso dirigido a este.

No ano seguinte, 1935, foi editado um novo Código Eleitoral, o que não importou alterações significativas na estrutura dos órgãos do Poder Judiciário Eleitoral. O Código estabeleceu outras vedações quanto aos potenciais ocupantes da categoria de jurista no TSE e nos TRE's, proibindo exercentes de mandato de caráter político federal, estadual ou municipal, bem assim parentes até 4º grau, ainda que por afinidade, de ministros da Corte Suprema.

Os regionais voltaram a ser integrados por seis membros, sendo três desembargadores da Corte de Apelação, cujo vice-presidente comandaria o TRE, um juiz federal, um juiz de direito (eleito pela Corte de Apelação) e um jurista, nomeado pelo presidente da República dentre os indicados pela Corte de Apelação.

Dentre as competências dos regionais estava a de "dividir em zonas a região eleitoral do respectivo Estado, Distrito Federal ou Território". A alusão é importante para demonstrar que a jurisdição eleitoral, desde seus primeiros regramentos, contemplava critério próprio de divisão: zonas eleitorais, cujo território não se confunde com o dos municípios (divisão geopolítica) ou comarcas (divisão judiciária dos Estados).

Já aos juízes eleitorais competia, dentre outras atribuições, dividir a zona eleitoral em seções de, no mínimo, cinquenta, e, no máximo, quatrocentos eleitores. Previa o Código que os juízes perceberiam, "além dos vencimentos a que tiverem direito, o subsidio annual de um conto e duzentos mil réis, pago em quotas mensaes".

O Código de 1935 fixou atribuições do Ministério Público Eleitoral, prevendo que seria "exercido por um procurador geral e vinte e dois procuradores regionaes, nomeados pelo Presidente da Republica, dentre juristas de notável saber, alistados eleitores".

Perante os juízos eleitorais, atuariam promotores de Justiça do respectivo Estado.

2.2.2 A reconstitucionalização da Justiça Eleitoral na Carta de 1946

A Carta outorgada de 1937, conforme alinhado, não previu qualquer organismo eleitoral, determinando, com efeito, a extinção da Justiça Eleitoral, que somente voltaria a existir no cenário institucional em 1945, com a edição do Decreto nº 7.586 (considerado o 3º Código Eleitoral brasileiro), com os mesmos órgãos estabelecidos na Carta de 1934, malgrado alterações contingenciais.

O TSE passaria a contar com apenas cinco membros: o presidente do Supremo Tribunal Federal, que também seria seu presidente; um ministro do Supremo Tribunal Federal, designado pelo presidente do TSE, que seria o vice-presidente; o presidente do Tribunal de Apelação do Distrito Federal; um desembargador do Tribunal de Apelação do Distrito Federal e um jurista de notável saber e reputação ilibada, ambos designados pelo presidente do Tribunal Superior.

Já os TRE's passaram a ser integrados por cinco membros, todos designados pelo presidente do TSE, sendo: dois desembargadores, um dos quais seria o presidente, cabendo ao outro a vice; dois juízes de Direito e um jurista de notável saber e reputação ilibada, suprimindo-se, com efeito, o representante da magistratura federal.

O Decreto contemplou, ainda, mudanças significativas na composição das juntas eleitorais, que deixariam de ser formadas majoritariamente por juízes e passariam a ser integradas por "dois cidadãos de notória integridade moral e independência, designados pelo Tribunal Regional, e do Juiz de Direito da Comarca, que será o seu presidente", competindo-lhes apurar "as eleições realizadas nos municípios que estiverem compreendidos na jurisdição do juiz que a presidir", modelo que perdura até hoje.

A promulgação da Constituição no ano seguinte (1946) trouxe importantes alterações quanto à composição dos órgãos da Justiça Eleitoral.

Com efeito, o TSE voltou a ser composto por sete membros, sendo escolhidos, mediante eleição em escrutínio secreto, dois ministros do STF (um dos quais seria o presidente, cabendo ao outro ser o vice), dois juízes do Tribunal Federal de Recursos, um desembargador do Tribunal de Justiça do Distrito Federal e dois cidadãos de notável saber jurídico e reputação ilibada, dentre seis indicados pelo Supremo.

Os regionais passaram a ser integrados por três desembargadores do Tribunal de Justiça (dentre os quais seriam escolhidos o presidente e o vice), dois juízes de Direito vinculados ao mesmo Tribunal, todos eleitos em escrutínio secreto, além de dois juristas, indicados pelo respectivo Tribunal de Justiça e nomeados pelo presidente da República.

A Carta manteve o mandato de dois anos para os membros dos tribunais (e nunca mais de dois biênios consecutivos), remetendo à lei dispor sobre a organização das juntas eleitorais. O número de integrantes dos tribunais eleitorais poderia chegar a nove, mediante lei de iniciativa do TSE. Os juízes eleitorais seriam recrutados dentre os juízes de Direito e gozariam, assim como os demais magistrados eleitorais, das garantias constitucionais da magistratura.

Embora remetesse à lei dispor sobre a competência da Justiça Eleitoral, a Carta de 1946 elencou diversas atribuições da Justiça Eleitoral:

> Art. 119 – A lei regulará a competência dos Juízes e Tribunais Eleitorais. Entre as atribuições da Justiça Eleitoral, inclui-se:
>
> I – o registro e a cassação de registro dos Partidos Políticos;
> II – a divisão eleitoral do País;
> III – o alistamento eleitoral;
> IV – a fixação da data das eleições, quando não determinada por disposição constitucional ou legal;
>
> V – o processo eleitoral, a apuração das eleições e a expedição de diploma aos eleitos;
>
> VI – o conhecimento e a decisão das argüições de inelegibilidade;
>
> VII – o processo e julgamento dos crimes eleitorais e dos comuns que lhes forem conexos, e bem assim o de *habeas corpus* e mandado de segurança em matéria eleitoral;
>
> VIII – o conhecimento de reclamações relativas a obrigações impostas por lei aos Partidos Políticos, quanto à sua contabilidade e à apuração da origem dos seus recursos.

A irrecorribilidade das decisões do TSE continuou a ser proclamada, excetuando-se as decisões que declarassem a invalidade de lei ou ato contrários à Constituição e as denegatórias de *habeas corpus* ou mandado de segurança, das quais caberia recurso para o Supremo Tribunal Federal.

Foram disciplinadas, igualmente, as hipóteses de cabimento de recurso para o Tribunal Superior, nos termos do art. 121:

> Art. 121 – Das decisões dos Tribunais Regionais Eleitorais somente caberá recurso para o Tribunal Superior Eleitoral quando:
>
> I – forem proferidas contra expressa disposição de lei;
>
> II – ocorrer divergência na interpretação de lei entre dois ou mais Tribunais Eleitorais;
>
> III – versarem sobre expedição de diploma nas eleições federais e estaduais;
>
> IV – denegarem *habeas corpus* ou mandado de segurança.

Um novo Código Eleitoral seria editado em 1950 (Lei nº 1.164), todavia sem alterar substancialmente o regramento estabelecido pela ordem constitucional em vigor. A principal modificação foi verificada na composição das juntas, que passaram a ser compostas exclusivamente por juízes de Direito, sendo presididas pelo mais antigo (art. 27).

A Justiça Eleitoral, com a Carta de 1946, foi, assim, novamente consagrada em sede constitucional, voltando a existir em ares democráticos, o que perduraria por quase duas décadas, até que eclodisse o golpe de 1964, quando instituído o regime de exceção, o qual, porém, ao contrário do que ocorrera com o Estado Novo (1937), não foi capaz de fazê-la desaparecer.

2.2.3 A Justiça Eleitoral na Constituição de 1967

Após o golpe de 1964, o governo militar logo tratou de editar um novo Código Eleitoral, o que foi concretizado pela Lei nº 4.737/65, parcialmente em vigor até os dias atuais.

A edição de um novo Código, mesmo num período de exceção, se justificava em vista de uma peculiaridade do regime ditatorial brasileiro, que mantivera as eleições diretas para alguns cargos, como deputados federais e estaduais.

O Código de 1965 recebeu influência marcante dos ideais então acolhidos pelo regime autoritário, bastando ter presente, para confirmar a asserção, o disposto no art. 243, que estabelece vedações quanto à propaganda eleitoral, proibindo as manifestações:

I – de guerra, de processos violentos para subverter o regime, a ordem política e social, ou de preconceitos de raça ou de classes;

II – que provoque animosidade entre as Forças Armadas ou contra elas, ou delas contra as classes e as instituições civis;

III – de incitamento de atentado contra pessoa ou bens;

IV – de instigação à desobediência coletiva ao cumprimento de lei de ordem pública.

O Código não contemplou alterações na composição dos órgãos da Justiça Eleitoral, mantendo o perfil instituído pela Constituição de 1946. Cingiu-se a alterar a composição das juntas eleitorais, que voltaram a ser formadas por cidadãos, dois *ou quatro*, continuando presididas pelo juiz eleitoral.

Algumas alterações, contudo, foram introduzidas pela Constituição outorgada em 1967. As vagas de juristas no TSE passaram a ser reservadas a *advogados* (e não mais a *cidadãos* de notável saber jurídico). Nos regionais, a composição passou a contemplar um juiz federal em substituição a um dos desembargadores do Tribunal de Justiça, que passaram a ser apenas dois. Quanto aos juristas, a Constituição não repetiu a exigência feita quanto ao TSE e manteve a possibilidade de nomeação de dois *cidadãos*, ainda que não advogados.

Não foram registradas alterações quanto aos juízes e juntas eleitorais, contemplando expressamente a Carta o elenco de atribuições da Justiça Eleitoral, alinhando o mesmo rol da Carta de 1946, remetendo, assim como fizera aquela, ao legislador ordinário, dispor sobre a competência de juízes e tribunais eleitorais.

A Emenda Constitucional nº 1/69 não estabeleceu alterações na composição do TSE, alterando parcialmente, porém, a competência da Justiça Eleitoral que passou a ter a atribuição de decretar a perda de mandato de senadores, deputados e vereadores nas hipóteses de infidelidade partidária, conforme já reportado.

2.2.4 A Constituição Cidadã de 1988 e a disciplina da Justiça Eleitoral

A promulgação da Constituição Federal de 1988 não trouxe mudanças significativas no regramento da Justiça Eleitoral. A Carta privilegia expressamente os tribunais e juízes eleitorais como órgãos do Poder Judiciário da União, de *caráter permanente*, não deixando dúvidas quanto à adoção do modelo jurisdicional de controle das eleições.[107]

O Poder Judiciário Eleitoral, seguindo a longa tradição inaugurada na Carta de 1934, continua a contar, dentre seus órgãos, com o Tribunal Superior Eleitoral, os tribunais regionais eleitorais, os juízes e as juntas eleitorais, não se verificando, malgrado o viés democrático da Constituição de 1988, tenha tido ela grande preocupação em redefinir os órgãos judiciais. Anota Martônio Mont'Alverne Barreto Lima:

> A Justiça Eleitoral constante da Constituição Federal de 1988 corresponde exatamente àquela da Constituição de 1967/69, elaborada pelo regime militar, quando dos art. 130 a 140 desta Constituição. Referida constatação se insere no âmbito de toda a estrutura do Poder Judiciário no Brasil. Pode-se afirmar que toda a estrutura atual do Poder Judiciário foi pouco alterada com a Constituição de 1988. Que isso é denunciador de uma das grandes contradições do texto constitucional brasileiro e que é, ainda, revelador da capacidade mobilizatória do Supremo Tribunal Federal e da magistratura nacional, no âmbito interno do poder do Estado brasileiro.[108]

A composição do TSE foi alterada para abrigar representação do Superior Tribunal de Justiça, passando a ser integrado, conforme previsão do art. 119, mediante eleição, por três ministros do STF (dentre os quais serão escolhidos o presidente e o vice), e dois ministros do STJ (um dos quais será o corregedor-geral eleitoral);[109]

---

[107] Cf. GOMES, Suzana de Camargo. *Crimes eleitorais*. São Paulo: Revista dos Tribunais, 2000. p. 18: "Verifica-se, destarte, que no sistema brasileiro atual a forma de controle quanto à lisura das eleições está toda afeta a órgãos especializados do Poder Judiciário, dado que somente à Justiça Eleitoral compete preparar, dirigir, velar pela regularidade da votação e, por fim, declarar os vencedores dos pleitos eleitorais, sendo, também, de sua alçada o processo e julgamento dos crimes que tenham vinculação com o processo eleitoral"; e também COSTA, Adriano Soares da. *Instituições de direito eleitoral*. 7. ed. Rio de Janeiro: Lumen Juris, 2008. p. 245-246: "A Justiça Eleitoral é órgão jurisdicional, concebido com a finalidade de cuidar da organização, execução e controle dos processos de escolha dos candidatos a mandatos eletivos (eleições), bem como dos processos de plebiscito e referendo. Não está a Justiça Eleitoral inserida como apêndice do poder executivo, nem tampouco submetida à esfera de atuação do poder legislativo. Trata-se de um órgão de natureza jurisdicional, engastado na estrutura do Poder Judiciário, consoante prescreve o art. 92, inc. V, da Constituição Federal de 1988".

[108] LIMA, Martônio Mont'Alverne Barreto. O papel da justiça eleitoral na consolidação da democracia: eleições no Ceará: 1994-96. *Pensar*: Revista de Ciência Jurídica, v. 6, n. 6, p. 117-144, fev. 2001.

[109] Prevê o art. 7º, II, do Regimento Interno do STF: "Compete ainda ao Plenário: II – eleger, dentre os Ministros, os que devam compor o Tribunal Superior Eleitoral e organizar, para o mesmo fim, as listas de advogados de notável saber jurídico e idoneidade moral a serem submetidas ao Presidente da República"; já o art. 10, III, do Regimento Interno do STJ estabelece: "Compete ao Plenário: III – eleger, dentre os Ministros do Tribunal, os que devam compor o Tribunal Superior Eleitoral, na condição de membros efetivos e substitutos".

além de, por nomeação do presidente da República, dois dentre seis advogados de notável saber jurídico e idoneidade moral.

O formato dos TRE's foi mantido pela Carta de 88, com a ressalva de que, nas capitais que sejam sedes de tribunais regionais federais, servirá ao TRE um juiz da respectiva Corte Federal (hoje denominado de desembargador federal), enquanto nas demais servirá um juiz federal da seção judiciária correspondente. Enquanto os magistrados egressos da Justiça Estadual (dois desembargadores e dois juízes estaduais) serão eleitos mediante voto secreto, o juiz federal será escolhido pelo respectivo TRF; e, finalmente, os advogados, na categoria de juristas, serão nomeados pelo presidente da República após indicação do Tribunal de Justiça.

Fugindo da tradição constitucional brasileira, e até mesmo da opção que adotou quanto a outros ramos especializados do Poder Judiciário, como a Justiça do Trabalho, a Carta de 1988 não cuidou de definir a competência da Justiça Eleitoral, reservando tal atribuição, no art. 121, à lei complementar.[110]

A Carta continua a estender aos magistrados eleitorais as mesmas garantias da magistratura em geral, fixando mandatos de dois anos, e nunca mais de dois biênios consecutivos, para o desempenho das funções eleitorais nos tribunais.

Estabelece, ainda, a irrecorribilidade das decisões do TSE, salvo as que contrariarem a Constituição e as denegatórias de *habeas corpus* ou mandado de segurança julgados em única instância, e, quanto às decisões dos regionais, fixa que somente desafiarão recurso para o Superior quando:

> a) forem proferidas contra disposição expressa desta Constituição ou de lei;
>
> b) ocorrer divergência na interpretação de lei entre dois ou mais tribunais eleitorais;
>
> c) versarem sobre inelegibilidade ou expedição de diplomas nas eleições federais ou estaduais;
>
> d) anularem diplomas ou decretarem a perda de mandatos eletivos federais ou estaduais;
>
> e) denegarem *habeas-corpus*, mandado de segurança, *habeas-data* ou mandado de injunção.

---

[110] Prevê o art. 121, da CF/88, que: "Lei complementar disporá sobre a organização e competência dos tribunais, dos juízes de direito e das juntas eleitorais".

Observa-se, sem grande dificuldade, que o delineamento atual da estrutura da Justiça Eleitoral não difere substancialmente daquele traçado na Carta de 1934. Ao longo de mais de sete décadas, o Poder Judiciário Eleitoral segue estrutura "piramidal e hierárquica", integrada por um órgão de cúpula (TSE); os tribunais regionais na Capital de cada Estado; e, na base, juízes e juntas eleitorais, órgãos de primeiro grau de jurisdição.

O recrutamento de seus membros também é orientado pelos mesmos postulados que vigiam ao tempo da criação da Justiça Eleitoral: ausência de magistratura de carreira e estabelecimento de mandatos (periodicidade da investidura), justificados pela tentativa de imunizar os magistrados quanto a possíveis comportamentos parciais, aos quais estariam suscetíveis na hipótese de serem levados, por dilargado tempo, a decidir sobre conflitos político-eleitorais.

A evolução da sociedade e do Estado, especialmente do Poder Judiciário, parece recomendar, porém, que tais postulados sejam reexaminados. Em tempos de ativismo judicial, de uma atuação cada vez mais presente da chamada jurisdição constitucional, parece perder força a ideia de blindar magistrados de possíveis valores políticos.

O tema será retomado adiante.

2.3 As principais características do sistema jurisdicional brasileiro de controle das eleições

Conforme já alinhado, o controle das eleições no Brasil é caracterizado pela adoção de um sistema de jurisdição especializada, confiando-se a verificação da regularidade dos pleitos a órgãos judiciários, que julgam as controvérsias eleitorais atuando como terceiros, decidindo mediante critérios normativos, de forma imperativa e imparcial. Tal modelo, à luz do apresentado no Capítulo 1, é também adotado em outros países, registrando-se atualmente uma clara tendência à jurisdicionalização plena dos procedimentos eleitorais.

O modelo brasileiro registra, porém, algumas peculiaridades, as quais podem ser facilmente identificadas ao se proceder a uma análise das principais características da Justiça Eleitoral.

2.3.1 A cumulação das funções administrativa e contenciosa

O primeiro aspecto digno de nota quanto à Justiça Eleitoral no Brasil é que, desde a sua criação, ela assume todas as atribuições relativas ao processo eleitoral, seja quanto à administração da eleição (elaboração do cadastro de eleitores, preparação de mesas receptoras, controle da propaganda eleitoral, votação, apuração etc.), seja quanto à tarefa de qualificar os pleitos, a abranger o contencioso eleitoral.

Ao contrário de outros modelos, inclusive mais recentes, que adotam o perfil jurisdicional com algumas variações, dentre as quais a de cindir as atribuições administrativa e contenciosa relacionadas às eleições, confiando-as a órgãos distintos, no Brasil, se há conferido ao mesmo órgão, de perfil jurisdicional, ambas as funções, o que acarreta algumas dificuldades.[111]

Vê-se que atualmente se potencializa a atuação jurisdicional da Justiça Eleitoral brasileira, especialmente a desenvolvida no âmbito contencioso, com a cassação de mandatos, em movimento que se denominou de "terceiro turno" das eleições, e que é contestado sob a pecha de contramajoritário.[112]

Ainda assim, não se pode perder de vista o fato de que a administração das eleições ocupa a maior parte do extenso rol de atribuições da Justiça Eleitoral — podendo-se cogitar mesmo em uma preponderância de atividades executivas —, para o que se desenvolveu no Brasil um corpo administrativo próprio (em atividade nos cartórios eleitorais, secretarias de tribunais, corregedorias), comandado por magistrados eleitorais, que exercem cumulativamente as funções administrativa e jurisdicional.[113]

---

[111] Há interessante abordagem sobre a viabilidade de um ou dois organismos eleitorais, ainda que com ênfase para o caso peruano, em TUESTA SOLDEVILLA, Fernando. Un debate pendiente: el diseño garantista de los organismos electorales. *In*: NÚÑEZ REYNOSO, José; BARQUERA Y ARROYO, Hermínio Sánchez de la (Coord.). *La democracia en su contexto*: estudios en homenaje a Dieter Nohlen em su septuagésimo aniversario. México: Instituto de Investigaciones Jurídicas de la UNAM, 2009. p. 139-155. O autor alude à necessidade de que as funções sejam adequadamente delimitadas, de modo a assegurar "elecciones transparentes, limpias y justas".

[112] Interessante debate sobre a questão está retratado nos autos da Arguição de Descumprimento de Preceito Fundamental nº 155, Rel. Min. Ricardo Lewandowski.

[113] Cf. GUERZONI FILHO, Gilberto. A justiça eleitoral no Brasil: a desconfiança como elemento fundamental de nosso sistema eleitoral. *Revista de Informação Legislativa*, Brasília, ano 41, n. 161, p. 39-45, jan. 2004: "A Justiça Eleitoral é o único órgão da Justiça brasileira com função administrativa que extrapola o seu próprio âmbito e que age sem necessidade de provocação. Trata-se de forma de organização ainda mais espantosa, quando se coteja com o modelo radical de separação dos Poderes e de monopólio da prestação jurisdicional característico da nossa formação constitucional". Nessa perspectiva, parece equivocada a ideia de que apenas a função jurisdicional da Justiça Eleitoral deveria ser considerada típica, como defendem VELLOSO, Carlos Mário da Silva; AGRA, Walber de Moura. *Elementos de direito eleitoral*. São Paulo: Saraiva, 2009. p. 12: "A Justiça Eleitoral desenvolve, no exercício de suas atividades, funções típicas e atípicas. Funções típicas são inerentes à atuação do *jurisdictio*, ou seja, de dizer o direito em cada caso concreto, sendo protegidas suas decisões sob o manto da coisa julgada depois de certo tempo. Funções atípicas são as que não ostentam cunho jurisdicional contencioso, apresentam natureza jurisdicional voluntária, consubstanciando-se em atos preparatórios para a realização das eleições, como, por exemplo, as tarefas necessárias para o alistamento e o registro eleitoral".

A Justiça Eleitoral poderia ser qualificada, com efeito, como anota Olivar Coneglian, como o "Poder Executivo das eleições", registrando como peculiaridade a duplicidade de funções estabelecidas para um só órgão, de modo que se "o magistrado de qualquer ramo da Justiça tem como função exclusiva o exercício da jurisdição (Juiz julga), o Magistrado Eleitoral atua de uma só vez como *juiz e executor*. Ou seja, exerce função jurisdicional e função executiva".[114]

Essa cumulação de funções acarreta algumas dificuldades sob o ponto de vista prático,[115] uma vez que as atividades administrativa e judicial são orientadas por princípios diversos, especialmente porque ao juiz é vedado agir de ofício, sob pena de comprometimento de sua imparcialidade e da inércia da jurisdição, enquanto do administrador se exige que atue sem provocação, observado o princípio da legalidade. A duplicidade de funções que recai sobre a Justiça Eleitoral admite, segundo Coneglian, as seguintes constatações:

- enquanto a Justiça é por natureza inerte, só se movimentando quando provocada, a Justiça Eleitoral não é inerte a não ser na função jurisdicional pura;
- em todos os atos de administração, a Justiça Eleitoral pode e deve agir de ofício, independentemente de provocação; e
- a grande maioria dos atos da Justiça Eleitoral são atos executivos ou de administração, só podendo ser chamados de atos jurisdicionais aqueles que comportam contraditório e perseguem a autoridade da coisa julgada.[116]

As dificuldades apresentam-se mais evidentes em face de se exigir, para o sucesso do pleito, o exercício rigoroso do

---

[114] CONEGLIAN, Olivar. A justiça eleitoral: o poder executivo das eleições, uma justiça diferente. *In*: TEIXEIRA (Coord.), 2003, p. 57-75, p. 66. Cf. também COSTA, Adriano Soares da. *Instituições de direito eleitoral*. 7. ed. Rio de Janeiro: Lumen Juris, 2008. p. 246: "É bem verdade que essa diversidade de atribuições terminou gerando incompreensão em relação ao papel desempenhado pelo juiz eleitoral, que faz as vezes de administrador e de magistrado. Não raro encontramos certa mixórdia no trato da natureza da atividade do juiz eleitoral, com graves implicações práticas para o manejo das normas eleitorais".

[115] Os possíveis entraves são minimizados por PEREIRA, Erick Wilson. *Direito eleitoral*: interpretação e aplicação das normas constitucionais-eleitorais. São Paulo: Saraiva, 2010. p. 53: "Apesar da discussão sobre a terceirização do controle do processo eleitoral, a separar a função administrativa, a qual ficaria ao encargo de outros órgãos, da função jurisdicional, ou a necessidade de manutenção da Justiça Eleitoral brasileira no exercício de atribuições de ordem normativa, jurisdicional e administrativa, não há como separar a jurisdição da administração no processo eleitoral, sob pena de comprometer, ainda mais, a lisura e a normalidade do pleito democrático".

[116] *Ibid*., 2003, p. 67.

poder de polícia do magistrado. Sendo o processo eleitoral "um processo administrativo" singularizado pela "unicidade do órgão administrativo executor e do órgão judiciário incumbido do seu controle judicial",[117] não há dúvida de que se exige dos juízes eleitorais uma atuação firme no exercício do poder de polícia, de modo a evitar, consoante previsão do art. 35, inciso XVII, do Código Eleitoral, os "atos viciosos das eleições".[118]

A ausência de uma magistratura de carreira e a temporariedade da investidura importam, contudo, no fato de que alguns juízes recrutados para o desempenho das funções eleitorais não despertam (ou o façam muito tarde) para a realidade de que a Justiça Eleitoral tem traços peculiares; suas atribuições administrativas são preponderantes e, no desempenho delas, deve-se romper o dogma da inércia da jurisdição. Daí a pertinente observação de Coneglian no sentido de que

> O Juiz, acostumado a se manter neutro e inerte até mesmo diante de crimes, acostumado a só agir mediante provocação, consciente da natural inércia da Justiça, deve deixar essa postura no momento mesmo em que assume a função eleitoral, pois ele deixa de ser somente Juiz, para ser Presidente e Juiz das eleições.[119]

O exercício do poder de polícia assume papel essencial para a regulação de atividades como a propaganda eleitoral, bem assim para evitar a prática do abuso de poder e da corrupção eleitoral, reclamando posição ativa dos juízes eleitorais para assegurar o equilíbrio da disputa.[120] Conquanto não possam iniciar, de ofício,

---

[117] JARDIM, Torquato. *Direito eleitoral positivo*. 2. ed. Brasília: Brasília Jurídica, 1998. p. 40.

[118] Cf. COSTA, Hyldon Masters Cavalcante. A imparcialidade do juiz eleitoral em processo judicial para a apuração de fatos perante os quais exerceu seu poder de polícia. *Suffragium*: Revista do Tribunal Regional Eleitoral do Ceará, Fortaleza, v. 4, n. 6, p. 16-41, jan./jun. 2008. Anota o autor que: "Assim, quando o juiz eleitoral age no exercício do poder de polícia, portanto imbuído de poder administrativo no qual se investe quando do exercício da função eleitoral, não necessita recorrer a qualquer outro poder para legitimar sua atuação, pois incide a auto-executoriedade, característica de todo poder de polícia, que somada à coercibilidade, permitem uma eficaz atuação do magistrado eleitoral na condução das eleições, sempre com vistas a equacionar o processo eleitoral, não permitindo que determinados candidatos obtenham quaisquer vantagens indevidas, situação que, se ocorresse, colocaria a disputa em desequilíbrio, afetando o princípio constitucional democrático. Esse é indubitavelmente o interesse público relevante a ser protegido pelo poder de polícia, o que justifica uma atuação coercível e auto-executória do legitimado ao exercício desse poder, o juiz eleitoral".

[119] CONEGLIAN, 2003, p. 69.

[120] Cf. CASTRO, Edson de Resende. *Teoria e prática do direito eleitoral*. 4. ed. Belo Horizonte: Mandamentos, 2008. p. 68: "É preciso, já se disse, que os Juízes Eleitorais não se esqueçam de que podem e devem agir mesmo sem provocação do Ministério Público ou dos Partidos Políticos. E é preciso

qualquer procedimento, sua atuação para coibir infrações, ainda que numa fase pré-processual, não importará em qualquer impedimento para que julguem e eventualmente punam, observado o devido processo legal, os comportamentos que afrontem a legislação eleitoral.[121]

2.3.2 O recrutamento dos magistrados eleitorais: ausência de magistratura de carreira e a periodicidade da investidura

Desde sua criação, a Justiça Eleitoral segue o mesmo modelo de recrutamento de seus membros. Repeliu-se a ideia de uma magistratura de carreira, confiando-se o exercício das funções a membros de outros tribunais e advogados, que são "emprestados" para o desempenho das tarefas por períodos determinados (mandatos).

Assim, prevê o art. 121, §2º, da Constituição de 1988, que "Os juízes dos tribunais eleitorais, salvo motivo justificado, servirão por dois anos, no mínimo, e nunca por mais de dois biênios consecutivos, sendo os substitutos escolhidos na mesma ocasião e pelo mesmo processo, em número igual para cada categoria".[122] Em primeiro grau, nas zonas eleitorais onde houver mais de uma vara, a temporariedade também será respeitada, mediante rodízio a cada biênio, conforme disciplina a Resolução nº 21.009/02, do Tribunal Superior Eleitoral.

Ainda que se pudesse imaginar que a opção pela ausência de uma magistratura de carreira encontrasse fundamento no "alto custo

---

que exerçam o seu poder-dever de polícia com firmeza, vigor e tempestivamente, pois que dessa atuação depende a lisura de todo o processo eleitoral".

[121] Cf. COSTA, 2008, p. 35: "Se o juiz pode determinar de ofício a produção de provas para o seu convencimento, com muito mais razão pode, no exercício de seu poder de polícia, que constitui verdadeiro dever, tomar contato inicial e direto com a prova, a qual já servirá, juntamente com todo o conjunto probatório adquirido no decorrer do processo, para a formação de sua convicção. Percebe-se, pois, que o momento do contato com a prova não poderá ser alegado como elemento comprometedor da imparcialidade".

[122] O Código Eleitoral estabelece o *cômputo ininterrupto do biênio*, conforme previsão do art. 14, §1º: "Os biênios serão contados, ininterruptamente, sem o desconto de qualquer afastamento nem mesmo o decorrente de licença, férias, ou licença especial, salvo no caso do §3º". Já o art. 14, §3º, prevê: "Da homologação da respectiva convenção partidária até a apuração final da eleição, não poderão servir como juízes nos Tribunais Eleitorais, ou como juiz eleitoral, o cônjuge, parente consangüíneo legítimo ou ilegítimo, ou afim, até o segundo grau, de candidato a cargo eletivo registrado na circunscrição". No caso de recondução para o segundo biênio observar-se-ão as mesmas formalidades indispensáveis à primeira investidura.

ao erário da nação",[123] não parece ter sido este o principal motivo que conduziu à decisão de recrutar os membros de outros órgãos, bem assim que a investidura ocorresse por períodos determinados.

Conforme expresso há pouco, a instituição da Justiça Eleitoral no Brasil aconteceu em um ambiente de profundos questionamentos sobre os procedimentos eleitorais, imperando a fraude no processo de coleta e apuração dos votos. Àquela altura, nem mesmo a paulatina ingerência dos juízes fora suficiente para moralizar os escrutínios, uma vez que a magistratura tinha atuação marcada pela influência do poder local.

Era natural, com efeito, que se pretendesse imunizar o desempenho das funções de direção do processo eleitoral de eventuais ingerências de caráter político, as quais encontrariam ambiente mais propício na hipótese de magistrados exercerem atribuições perante a Justiça Eleitoral durante toda a vida funcional. Evitava-se, com efeito, que "o poder e o contato político" enfraquecessem seus membros ou os tornassem parciais.[124] Neste sentido, assevera Fávila Ribeiro que:

> É inegável, porém, que as competições políticas acarretam freqüentes exacerbações passionais, no entrechoque dos grupos rivais, gerando perduráveis incompatibilidades que não ficam circunscritas aos protagonistas das lutas partidárias, resvalando, aqui e alhures, para atingir os magistrados que tiveram de contrariar interesses de uns ou de outros.
>
> Consoante tivemos ensejo de observar em precedente publicação, o exercício continuado da jurisdição eleitoral, quase certo, gera fricções com os descontentes ante os pronunciamentos emitidos e, como as indisposições podem prejudicar os padrões de neutralidade às vezes inconscientemente, a obrigatória renovação dos mandatos, após o decurso do segundo biênio, é penhor da imparcialidade do funcionamento da instituição.[125]

O modelo, embora ainda hoje elogiado por vozes autorizadas da doutrina nacional, encontra resistências. A ausência de

[123] COSTA, 2008, p. 246. Acentua o autor que, [...] "aproveitando-se da estrutura local do poder judiciário, em parte solucionou-se o dilema da criação de uma estrutura cara e inchada, com a finalidade de atuar mais efetivamente apenas de biênio em biênio".

[124] CERQUEIRA, Thales Tácito P. L. de P. *Direito eleitoral brasileiro*. 3. ed. Belo Horizonte: Del Rey, 2004. p. 114.

[125] RIBEIRO, 1996, p. 130.

magistratura de carreira é atualmente lamentada por José Jairo Gomes, ao anotar a ideia de que, "Apesar do bom desempenho que sempre lhe foi reconhecido, o ideal seria que a Justiça Eleitoral contasse em todas as instâncias com corpo próprio e especializado de juízes. Ideal é que fosse uma justiça autônoma e independente, como são os demais ramos do Poder Judiciário".[126] Na mesma linha, assevera Joel J. Cândido: "Essa composição multifacetária, em substituição a uma magistratura própria, com juízes especializados, precisa ser repensada. Fica difícil sustentá-la, hoje, quando a especialização dos órgãos judiciários, em suas varas, câmaras e turmas, passa a ser a tônica".[127]

O modelo atualmente adotado parece merecer, ao menos, um debate mais aprofundado na comunidade acadêmica e junto à Justiça Eleitoral, de modo a que se identifiquem suas vantagens e se superem as desvantagens, o que foi claramente olvidado ao longo do tempo.

Pelo menos uma observação, de logo, assoma necessária: a premissa de que a investidura temporária serviria para evitar o comprometimento da imparcialidade dos magistrados eleitorais (pois "tiveram de contrariar interesses de uns ou de outros") é de duvidosa procedência. O fato de magistrados desempenharem durante toda a vida funcional as funções eleitorais não importaria maior risco de envolvimento com interesses político-partidários. Se verdadeira a asserção, toda a magistratura, independentemente de ramo específico, teria sua atuação questionada, uma vez que, ao decidir, haverá, em regra, de contrariar pretensões.

Eventuais desvios de conduta, aliás, não estão excluídos do modelo atual, além do que soa, no mínimo, desarrazoado na presente quadra, em que o exercício da jurisdição constitucional produz atuação cada vez maior da magistratura em questões políticas (a "judicialização da política", como lembra Werneck Vianna),[128] que se procure sustentar a investidura temporária de

[126] GOMES, José Jairo. *Direito eleitoral*. Belo Horizonte: Del Rey, 2008. p. 50.

[127] CÂNDIDO, Joel J. *Direito eleitoral brasileiro*. 8. ed. São Paulo: Edipro, 2000. p. 42. Conferir também PIMENTA, José Carlos. *Processo eleitoral e controle jurisdicional*. Belo Horizonte: Mandamentos, 2002. p. 72. Ainda que rejeitando a existência de quadro próprio de magistrados, o autor é partidário do que denomina "corrente eclética", segundo a qual os juízes escolhidos para servir à Justiça Eleitoral teriam dedicação exclusiva, em um ou em até dois biênios consecutivos: "Daí nossa preferência pela solução intermediária, que passa pela manutenção da espinha dorsal da estrutura atual, com mudanças fundamentais".

[128] Cf. VIANNA, Luiz Werneck; BURGOS, Marcelo Baumann; SALLES, Paula Martins. Dezessete anos de judicialização da política. *Tempo Social*: Revista de Sociologia da USP, São Paulo, v. 19, n. 2, p. 39-85, nov. 2007. Afirmam os autores: "É da cena contemporânea de cultura democrática a

forma a imunizar eventuais comprometimentos de tal ordem. Aliás, na raiz, como afirma Kelsen (na histórica polêmica com Schmitt sobre quem deve ser o guardião da Constituição): "Todo conflito jurídico é na verdade um conflito de interesses ou de poder, e portanto toda controvérsia jurídica é uma controvérsia política, e todo conflito que seja qualificado como de interesses, de poder ou político pode ser decidido como controvérsia jurídica".[129] [...]

Além disso, parece claro que o próprio reconhecimento da autonomia científica do Direito Eleitoral,[130] com suporte na verificação de que está orientado por princípios próprios e que seus institutos gozam de especificidades, está a exigir magistrados satisfatoriamente preparados para o desempenho de tais funções, o que é dificultado pela temporariedade da investidura, bem assim pela ausência de regramento que estabeleça, como requisito para o desempenho das funções, a demonstração de prévia afinidade com a matéria, como *v.g.* a frequência a cursos de especialização, hoje amplamente ofertados em todo o País.[131]

---

projeção do papel do juiz em quase todos os aspectos da vida social. Mas essa projeção não tem derivado, como em certas avaliações apressadas, de pretensões de ativismo judiciário. O fato de que, especialmente a partir dos anos de 1970, os juízes — inclusive os do sistema da civil law, contrariando uma pesada tradição — cada vez mais ocupem lugares tradicionalmente reservados às instituições especializadas da política e às de auto-regulação societária, longe de significar ambições de poder por parte do judiciário, aponta para processos mais complexos e permanentes. [...] A invasão do direito sobre o social avança na regulação dos setores mais vulneráveis, em um claro processo de substituição do Estado e dos recursos institucionais classicamente republicanos pelo judiciário, visando a dar cobertura à criança e ao adolescente, ao idoso e aos portadores de deficiência física. O juiz torna-se protagonista direto da questão social. Sem política, sem partidos ou uma vida social organizada, o cidadão volta-se para ele, mobilizando o arsenal de recursos criado pelo legislador a fim de lhe proporcionar vias alternativas para a defesa e eventuais conquistas de direitos. A nova arquitetura institucional adquire seu contorno mais forte com o exercício do controle da constitucionalidade das leis e do processo eleitoral por parte do judiciário, submetendo o poder soberano às leis que ele mesmo outorgou".

[129] KELSEN, Hans. *Jurisdição constitucional*. Tradução de Alexandre Krug. 2. ed. São Paulo: Martins Fontes, 2007. p. 252.

[130] Cf. NOHLEN, Dieter; SABSAY, Daniel. Derecho electoral. *In*: NOHLEN, Dieter *et al.* (Comp.). *Tratado de derecho electoral comparado de América Latina*. 2. ed. México: FCE, Instituto Interamericano de Derechos Humanos, Universidad de Heidelberg, International IDEA, Tribunal Electoral del Poder Judicial de la Federación, Instituto Federal Electoral, 2007. p. 27-38: "A nuestro entender, el derecho electoral como conjunto de normas y principios que regulan el proceso electoral, compone un sistema jurídico particular. [...] Nuestra disciplina tiene sustantividad propia; es independiente porque se funda en principios, métodos y tiene un objeto que le es propio. Los fenómenos de derecho público que incluye requieren de definiciones particulares que sólo pueden darse mediante reglas que le sean propias. Ellas hacen al procedimiento, al sistema de garantías, a la autoridad de aplicación, entre muchos otros elementos que poseen una especificidad particular".

[131] Há interessante decisão do Conselho Nacional de Justiça, tomada no Pedido de Providências 200710000012878, julg. 17.12.2008, em que foi relator o Cons. Joaquim Falcão, ordenando que, na escolha de magistrados e advogados que servirão aos tribunais regionais eleitorais, devem os tribunais de Justiça facultar a possibilidade de "sustentação oral" das candidaturas durante sessão pública, bem assim permitir, a qualquer interessado, acesso aos "memoriais, anotações e outros documentos" apresentados pelos candidatos. Parece claro que um dos requisitos fundamentais que deve nortear a escolha dos que servirão aos tribunais eleitorais deve ser exatamente a demonstração de afinidade com a matéria eleitoral.

Se a alternância de composições é salutar em outros ramos do Poder Judiciário, como forma de oxigenar a jurisprudência (o que é particularmente reclamado no caso brasileiro, em que não há estabelecimento de mandatos para os ocupantes dos tribunais), vê-se que, na seara eleitoral, é fator negativo para que se alcance melhor qualidade nas decisões. Hoje, é fácil perceber que o interesse pelo estudo do Direito Eleitoral por parte de juízes de primeiro grau aumenta consideravelmente às vésperas de períodos eleitorais (especialmente municipais), o que pode ser constatado diante do número de seminários e congressos realizados nessas épocas, diminuindo muito após os pleitos, quando remanescem situações que, em tese, poderiam ser consideradas contingentes, e que não exigiriam maior preocupação com um estudo abrangente da matéria.[132]

O rodízio permanente de magistrados contribui, ainda, para que os julgados do TSE assumam nítida autoridade persuasiva (*persuasive authority*), desencorajando comportamento mais ousado dos Regionais e dos juízes e juntas eleitorais no sentido de formular interpretações a par das já realizadas pela Corte Superior. O Direito Eleitoral está preponderantemente afeto a ramo especializado da jurisdição, sendo orientado por princípios próprios, todavia, diante da movimentação constante dos que recrutados para o exercício da judicatura (de quem, como visto, não se exige afinidade com a matéria), verifica-se natural acomodação dos operadores quanto a acatar, sem maiores questionamentos, os precedentes do TSE, que, assim, findam por assumir força quase vinculante.[133] Neste sentido, anota Djalma Pinto que:

[132] A partir dessa constatação e buscando promover um debate científico perene sobre o Direito Eleitoral, além de propor alternativas para o aperfeiçoamento das normas sobre as eleições, foi fundada, em 2005, a Associação Brasileira de Magistrados, Procuradores e Promotores Eleitorais – ABRAMPPE (www.abramppe.org.br). Cumpre destacar também a criação das Escolas Judiciárias Eleitorais no âmbito do TSE e dos Regionais.

[133] Tal constatação, é claro, não importa em reconhecer que a jurisprudência eleitoral não passe por constantes revisões. Ao contrário, vigora hoje forte crítica de que as mudanças ocorrem amiúde, algumas das quais levadas a efeito quanto a questões relativas à mesma eleição, gerando instabilidade jurídica. Percebe-se, contudo, que as inovações, em regra, têm origem no TSE e não nos TRE's ou nos Juízos eleitorais, como seria natural, mormente quando se cogita numa estrutura em três instâncias, confiando-se à mais alta a uniformização das interpretações das demais. Critica-se, assim, certa acomodação dos juízes e tribunais locais em acatar quase que mecanicamente os precedentes, sem que se busque, mediante atividade interpretativa mais aprofundada, novas visões dos fenômenos, notadamente na quadra em que ganham força os postulados da nova hermenêutica constitucional e da constitucionalização do Direito Eleitoral.

> Os precedentes construídos, *cases* produzidos no TSE, mesmo inexistindo lei determinando o efeito vinculante, são acolhidos pelos Juízes e Tribunais Eleitorais, que os seguem à risca. [...] A diferença para os países do sistema anglo-saxônico é que lá o precedente "tem força obrigatória para os casos futuros", e aqui, embora não havendo essa obrigatoriedade, os juízes eleitorais o seguem espontaneamente, observam-no à risca, com tal intensidade que, na prática, o TSE efetivamente cria o Direito. Partem os juízes e integrantes dos tribunais eleitorais locais da constatação da quase inutilidade em produzir acórdãos ou decisões divergentes dos precedentes do TSE, que serão ali fatalmente reformados.[134]

Outro aspecto merece ser ressaltado — o fato de que, consoante se observou do exame das diversas normas (legais e constitucionais) que disciplinaram a composição dos órgãos da Justiça Eleitoral, o recrutamento de seus membros segue a mesma lógica desde a sua criação: magistrados das cortes superiores e advogados exercem funções no TSE; desembargadores estaduais, juízes de Direito e advogados (todos indicados pelo Tribunal de Justiça), provêm os regionais, incluindo-se, com certas vacilações, representantes da magistratura federal (atualmente um juiz ou desembargador federal, conforme previsão do art. 120, §1º, II, da CF/88); e, finalmente, juízes estaduais exercem a judicatura eleitoral em primeiro grau, inclusive presidindo as juntas.

Arredando-se eventuais reclamos que mais soam como defesa de interesses corporativos do que propriamente como fruto de uma preocupação em aperfeiçoar a atividade da Justiça Eleitoral, vê-se que algumas sugestões de alteração de sua composição merecem maior atenção, como, por exemplo, a que propugna a inclusão de representação do Ministério Público nos tribunais eleitorais, o que atenderia ao próprio espírito da Carta de 88, que instituiu o chamado "quinto constitucional" para os tribunais locais, além de prever expressamente a representação do MP na composição do Superior Tribunal de Justiça e nos tribunais da Justiça do Trabalho, em frações paritárias com a advocacia. Observa Jairo Gomes que:

> Estranhamente não sobrou uma cadeira para o Ministério Público — nem no TSE, nem nos TREs. No particular, merece censura

[134] PINTO, Djalma. *Direito eleitoral*: improbidade administrativa e responsabilidade fiscal: noções gerais. 3. ed. São Paulo: Atlas, 2006. p. 22.

o Legislador Constituinte, pois essa solução contraria a lógica implantada para a composição dos demais tribunais, segundo a qual um quinto das vagas deve ser preenchido por profissionais egressos dos quadros da Advocacia e do Ministério Público. É este, aliás, o teor do artigo 94 da Lei Maior.[135]

Somente o forte apego à tradição justifica que a Carta de 1988 tenha sido indiferente à participação do Ministério Público nas cortes eleitorais, mantendo, por outro lado, dois advogados, os quais, ao contrário do que é disposto em outras passagens do Texto Constitucional, não são indicados pela Ordem dos Advogados, mas sim pelo Supremo Tribunal Federal ou por Tribunal de Justiça, com o que se reforça a influência do modelo adotado desde a instituição da Justiça Eleitoral.

Além disso, a redução da ascendência dos tribunais de Justiça na composição dos TRE's é outra medida que mereceria estudo mais cuidadoso. Segundo o modelo atual, nada menos do que seis dos sete integrantes da Corte Regional Eleitoral são oriundos ou indicados pelas cortes estaduais. Sendo a Justiça Eleitoral um ramo do Poder Judiciário da União, mantida e remunerada pelos cofres federais, soa mesmo ilógico garantir tamanha interferência da Justiça dos estados-membros.

Em arremate deste tópico, uma observação merece ser feita: os advogados que servem aos tribunais eleitorais não estão impedidos de exercer a advocacia durante o período em que servirem à Justiça Eleitoral. Não obstante a previsão do art. 28, II, da Lei nº 8.906/94 (Estatuto da Advocacia), que estabelece a incompatibilidade do exercício da profissão com o exercício de função em órgão do Poder Judiciário, o Supremo Tribunal Federal, nos autos da ADIn nº 1.127-8/DF, Rel. Min. Marco Aurélio, julg. 17.05.2006, deu ao dispositivo interpretação conforme, determinando que tal vedação não se aplicava aos juízes eleitorais e seus suplentes.

O Conselho Nacional de Justiça houve por bem tornar claro o fato de que os advogados que servem à Justiça Eleitoral não podem atuar perante quaisquer juízos ou tribunais eleitorais durante o período em que estiverem investidos nas funções, bem como ficam impossibilitados de exercer a advocacia no próprio Tribunal Eleitoral ao qual serviram, pelo período de três anos contados do afastamento,

[135] GOMES, 2008, p. 55.

conforme previsão do art. 95, V, da Constituição Federal,[136] todavia o TSE afastou a incidência da medida ao apreciar questão de ordem na Petição nº 3.020.[137]

2.3.3 Estrutura piramidal e hierárquica

A Justiça Eleitoral observa estrutura piramidal e hierárquica, posicionando-se no ápice o Tribunal Superior Eleitoral, órgão de cúpula, a quem cabe uniformizar a interpretação da lei eleitoral, apreciando recursos contra decisões dos respectivos tribunais regionais, que sucedem a instância máxima, formando outro grau de jurisdição, competindo-lhes, dentre outras atribuições, julgar recursos contra atos e decisões dos juízes e juntas eleitorais, que formam os órgãos da Justiça Eleitoral em primeiro grau.

As juntas eleitorais, calha recordar, são presididas por juiz eleitoral e formadas para atuar por tempo determinado. São constituídas sessenta dias antes das eleições e sua atuação se encerra quando finalizados os trabalhos de apuração dos pleitos realizados na zona sob sua jurisdição, inclusive julgadas as impugnações, exceto municipais, quando lhes incumbirá, ainda, proceder à diplomação dos eleitos (Código Eleitoral, art. 40).

A alusão à estruturação hierárquica deve ser entendida apenas sob o ponto de vista administrativo (uma vez que, como visto, há cumulação de funções executivas e jurisdicionais pelo mesmo órgão), não abrangendo aspectos relacionados à atividade judicante, ainda que a Justiça Eleitoral esteja *estruturada em três graus de jurisdição*.[138]

---

[136] Decisão do Conselho Nacional de Justiça no Pedido de Providências nº 200710000014851, Rel. Cons. Técio Lins e Silva, julg. 25.03.2008.

[137] Questão de Ordem na Petição nº 3.020, Rel. Min. Aldir Passarinho Júnior, julg. 08.06.2010.

[138] Cumpre recordar que a estruturação em três graus de jurisdição não assume, sob o ponto de vista jurisdicional, conotação hierárquica. Sobre o tema, conferir ROCHA, José de Albuquerque. *Teoria geral do processo*. 3. ed. São Paulo: Malheiros, 1996. p. 103, 157: [...] "cada justiça está dividida em órgãos de tipos diferentes: órgãos do 1º grau, órgãos do 2º grau e, às vezes, até do 3º grau. [...] as impróprias qualificações de inferior e superior dadas aos órgãos do primeiro e segundo graus da jurisdição não deveriam ter conotação hierárquica, por ser incompatível com o exercício da função jurisdicional. Deveriam significar tão-só a distribuição do trabalho entre os órgãos, tendo em vista suas funções específicas, o que constitui a chamada competência funcional vertical". Digna de crítica, com efeito, a posição de COSTA, 2008, p. 247, segundo a qual: [...] "a Justiça Eleitoral é estruturada hierarquicamente, de modo que as instâncias superiores possuem prevalência sobre as inferiores, inclusive sob o aspecto administrativo. Dada a competência híbrida da Justiça Eleitoral, todos os atos de organização, fiscalização e consecução das eleições são subordinados aos órgãos superiores, os quais supervisionam e fiscalizam os inferiores. Da mesma maneira que o juiz eleitoral tem a obrigação funcional de fazer cumprir as determinações dos tribunais regionais eleitorais, a esses cabe o mesmo dever em relação às ordens e provimentos do Tribunal Superior Eleitoral, mercê da necessidade de uniformização dos procedimentos" (grifou-se).

A organização hierárquica é pronunciada expressamente pelo Código Eleitoral, estabelecendo competir aos regionais "cumprir e fazer cumprir" as decisões do Tribunal Superior, enquanto aos juízes eleitorais cabe igual atribuição, seja quanto às decisões do Superior ou do respectivo Regional, todavia é preciso deixar claro que os juízes têm ampla liberdade para decidir de acordo com o seu livre convencimento motivado, não estando vinculados a acatar os posicionamentos dos tribunais — exceto em se tratando de precedentes com eficácia normativa, como as decisões do Supremo Tribunal Federal em sede de controle concentrado de constitucionalidade e as Súmulas Vinculantes sobre matéria constitucional, nos termos do art. 103-A, da Constituição Federal, sob pena de cassação dos julgados conflitantes.[139]

Neste tocante, cumpre recordar que o instituto do prejulgado, previsto no art. 263 do Código Eleitoral, não foi recepcionado pela Constituição de 1988, por conferir força de lei a um precedente jurisprudencial, vinculando a decisão do órgão julgador, violando o princípio da separação dos poderes. O dispositivo estabelece que: "No julgamento de um mesmo pleito eleitoral, as decisões anteriores sobre questões de direito constituem prejulgados para os demais casos, salvo se contra a tese votarem 2/3 (dois terços) dos membros do Tribunal".[140]

Sob o aspecto jurisdicional, cabe aos órgãos de primeiro grau, sem dúvida, cumprir (executar) as decisões e comandos emanados das Cortes eleitorais (*v.g.* acórdão que, provendo recurso, reformou decisão de primeiro grau), daí a previsão do Código Eleitoral, todavia nada há a impor que os juízes eleitorais estejam jungidos a seguir os posicionamentos adotados pelos tribunais.

---

[139] Sobre as súmulas vinculantes, especialmente a tendência verificada atualmente no Brasil de assegurar a previsibilidade das decisões judiciais com base nos órgãos de cúpula do Judiciário, conferir OLIVEIRA, Marcelo Roseno de. A previsibilidade das decisões judiciais como condição para o desenvolvimento econômico no Estado Neo-Liberal brasileiro. *In*: POMPEU, Gina Vidal Marcílio. *Estado, Constituição e economia*. Fortaleza: UNIFOR, 2008. p. 263-283. Abordagem específica relacionada ao Direito Eleitoral pode ser encontrada em GUIMARÃES, Fábio Luís. Direito eleitoral na jurisprudência vinculante: notas à Emenda Constitucional nº 45/2004. *Fórum Administrativo – Direito Público*, Belo Horizonte, ano 6, n. 67, p. 7846-7850, set. 2006.

[140] O TSE, em pelo menos dois julgados, firmou o entendimento pela não recepção do instituto (EREspE nº 9.936/RJ, Rel. Min. Sepúlveda Pertence, julg. 14.09.1992; e no EREspE nº 12.682, Rel. Min. Marco Aurélio, julg. 21.03.1996). Sobre o tema, conferir JARDIM, Torquato. *Direito eleitoral positivo*. 2. ed. Brasília: Brasília Jurídica, 1998. p. 173: "As dificuldades para sustentá-los [prejulgados] eram muitas no entanto. Bastaria uma única decisão, por qualquer *quorum*, num primeiro processo, para vincular o tribunal ao voto de dois terços de seus membros para mudar de opinião? Quantos precedentes dariam substância a um prejulgado? Se vários os precedentes à sua afirmação, como redigir seu texto e sob que forma jurídica editá-lo com força legal vinculante?". Cf. também COSTA, Antonio Tito. *Recursos em matéria eleitoral*. 8. ed. São Paulo: Revista dos Tribunais, 2004. p. 76-80.

Ainda que presente a chamada "força dos precedentes" do Tribunal Superior Eleitoral, atualmente em franca expansão, persuadindo (quase condicionando) muitos dos pronunciamentos dos regionais e dos juízos de primeira instância, além do próprio TSE, por motivos já identificados acima, é importante reafirmar que não há qualquer vinculação que comprometa o livre convencimento dos magistrados que exercem funções eleitorais.[141] Sobre a eficácia persuasiva dos precedentes, anota Patrícia Perrone Campos Mello:

> [...] a eficácia meramente persuasiva estará presente sempre que a invocação de um determinado julgado se der apenas para fins de persuasão do magistrado, não tendo a aptidão de jungi-lo a seus termos. Neste caso, as decisões anteriores podem influir na formação da convicção dos juízes, fornecem elementos para a argumentação das partes e são dados reforçadores da motivação das sentenças, mas esta é toda a influência que exercem sobre demandas futuras.
>
> Especialmente nos países do civil law, na medida em que um determinado precedente meramente persuasivo se repete, dá ensejo à formação de uma jurisprudência dominante sobre determinado assunto e passa a agregar efeitos impositivos mais ou menos brandos ao entendimento nele consolidado. Por esta razão, ainda os precedentes meramente persuasivos não constituam uma fonte formal, sempre constituirão uma fonte real do direito.[142]

---

[141] Os precedentes do TSE chegaram, em passado recente, a inovar nitidamente a legislação eleitoral, sendo bom exemplo disso o prazo de cinco dias criado à míngua de qualquer previsão legal para o ajuizamento de representações por violação ao art. 73 da Lei das Eleições (condutas vedadas aos agentes públicos durante as campanhas eleitorais), tal como determinado no julgamento do Recurso Ordinário nº 748/PA, Relator Min. Luiz Carlos Madeira, julg. 24.05.2005. O posicionamento foi revisto, não sem antes haver influenciado diversos julgados dos órgãos da Justiça Eleitoral. Acerca da força dos precedentes nos EUA, conferir SCOTTI, Guilherme. Sobre a possibilidade de candidatos tomarem posse no curso de pendências judiciais quanto ao resultado da eleição no sistema jurídico dos Estados Unidos da América. *In*: *Direito processual eleitoral*: análise e perspectivas. Brasília: Ed. UnB; ABRAMPPE, 2009. No prelo: "A diferença principal é que o sistema de precedentes lá é muito mais tradicional e difuso. Boa parte das decisões das cortes superiores constituem precedentes vinculantes, de observância obrigatória por todos os juízes, independente de súmula. Tais precedentes não *revogam* leis, não podem substituí-las ou modificá-las. Podem sim, como aqui, interpretá-las de determinada maneira ou declará-las inconstitucionais. E tanto lá como aqui, seja no caso de uma lei, seja de um precedente (ou súmula), o juiz tem que verificar se tal norma se aplica ou não à questão *sub judice* (se a situação fática se adéqua à prevista genericamente na lei)".

[142] MELLO, Patrícia Perrone Campos. *Precedentes*: o desenvolvimento judicial do direito no constitucionalismo contemporâneo. Rio de Janeiro: Renovar, 2008. p. 66. Embora os precedentes do TSE tenham, em regra, eficácia meramente persuasiva, alguns deles, de acordo com a classificação proposta pela autora, assumem eficácia impositiva intermediária, notadamente os que representam a jurisprudência dominante ou sumulada da Corte, "que possibilita ao relator negar seguimento a recursos que as contradigam ou dar provimento, monocraticamente, a apelos que com elas se harmonizem" (p. 107).

Já quanto à atividade administrativa, que, como visto prepondera na Justiça Eleitoral, não há dúvida de que incide o aspecto hierárquico, inclusive para fins disciplinares.

Duas últimas ressalvas merecem ser feitas na conclusão deste tópico. A primeira é que o fato de algumas resoluções do Tribunal Superior contemplarem posições assentadas na jurisprudência da Corte, não impõe sejam tidas como dotadas de densidade normativa a ponto de vincular a interpretação a ser realizada pelos demais órgãos da Justiça Eleitoral. Estes, é certo, devem observar com exatidão as instruções naquilo que disserem respeito às atribuições administrativas da Justiça Eleitoral. Eventuais posicionamentos jurisprudenciais que venham a ser incluídos em instrumentos normativos do TSE, ainda que a estes se reconheça "força de lei", não assumem qualquer efeito vinculante, descabendo cogitar, nas hipóteses de decisões que contrariem o entendimento firmado, na reforma do julgado exclusivamente com base nesse fato.[143]

Além disso, é preciso ter presente que as decisões tomadas pelos tribunais eleitorais no exercício de função consultiva também não assumem efeito vinculante. Os questionamentos são formulados sobre matéria em tese, servindo para tornar público o posicionamento de determinada composição do respectivo tribunal, prevenindo comportamentos potencialmente malferidores da legislação eleitoral, todavia não há qualquer garantia de que os casos concretos eventualmente apreciados sobre o mesmo tema estarão integralmente amoldados à hipótese considerada na consulta, e, ainda que assim seja, nada há a impedir que a Corte mude o entendimento quando diante de um caso concreto, em que pese não ser recomendável, sob pena de que se negue a própria razão da existência do instituto.[144]

---

[143] Cumpre recordar que nem mesmo as súmulas do TSE assumem esse efeito. Conforme anotou o Min. Sepúlveda Pertence (REspE nº 9.936/RJ, 14.09.1992): [...] "a súmula é uma forma de proclamação solene, um instrumento de relativa estabilidade da jurisprudência, que não pretende, jamais, impor ao Tribunal a proclamação de uma decisão contra a convicção de sua maioria. Apenas quer que esta mudança de jurisprudência seja consciente; este é o grande propósito da súmula, estabelecer um procedimento de mudança da jurisprudência, sem nenhum quorum qualificado. A grande revolução da súmula foi tentar por fim à jurisprudência lotérica, à decisão lotérica, às mudanças inconscientes do entendimento do Tribunal. Mas, uma vez posta conscientemente a questão, uma súmula não constitui nenhuma limitação à afirmação da independência jurídica e da convicção de cada juiz sobre a tese jurídica posta".

[144] Cf. JARDIM, 1998, p. 184: "As respostas às consultas refletem recomendação, um entendimento prévio posto em situação abstrata, porquanto não se respondem a casos concretos. É palavra dada em sessão administrativa, ausente qualquer defesa ou contraditório ou publicidade, requisitos essenciais ao *due process* da sentença judicial, ainda que palavra motivada (Const., art. 5º, LIII, LIV, LV, LVII e 93, IX, X). Daí duas conseqüências: não se perfazer a coisa julgada material, e nem caber recurso para a instância superior". Idêntica posição é sustentada por ZILIO, Rodrigo López. *Direito eleitoral*. Porto Alegre: Verbo Jurídico, 2008. p. 48: "A consulta não pode ser sobre uma situação determinada e concreta, somente sendo possível versar sobre situação "em tese", sob pena de não-

2.3.4 Divisão territorial própria

A jurisdição eleitoral é exercida mediante divisão territorial própria, que não se confunde com a divisão geopolítica, ou mesmo com o critério seguido pela organização judiciária dos Estados.

Desse modo, a jurisdição em primeiro grau não observa a divisão em município ou comarcas, mas sim em zonas eleitorais, criadas por decisão do Tribunal Superior Eleitoral, após indicação do respectivo Regional, nas quais haverá pelo menos um Juízo Eleitoral e um Cartório Eleitoral a ele vinculado.

Ainda que se cogite em seções eleitorais como subdivisão das zonas eleitorais, trata-se de meros agrupamentos administrativos de eleitores para operacionalizar a eleição, dada a necessidade de disponibilizar diversas mesas receptoras, não correspondendo à ideia de divisão territorial.

Já os Estados compõem as chamadas circunscrições eleitorais, e em cada um deles, bem assim no Distrito Federal, haverá uma Corte Regional Eleitoral. O Tribunal Superior, por obviedade, possui jurisdição sobre todo o território nacional.

A ideia de circunscrição eleitoral assume dubiedade em vista da previsão do art. 86, do Código Eleitoral, segundo o qual, nas eleições presidenciais, a circunscrição será o País; nas eleições federais e estaduais (senadores e deputados federais; governadores, vices e deputados estaduais), o Estado; e nas municipais (prefeitos, vices e vereadores), o respectivo Município.

Assim, é preciso perfilhar com cautela a ideia de circunscrição eleitoral, pois tanto pode designar uma das unidades da Federação que abrigam sede de TRE, ou quaisquer unidades territoriais em que são realizados os pleitos, inclusive a totalidade delas, nas eleições presidenciais.

---

conhecimento pela Corte Eleitoral. Justifica-se a necessidade da consulta somente ser formulada sobre situação em tese, porquanto a natureza consultiva é de mera orientação, sem qualquer caráter vinculativo". O STF, no julgamento da ADIn nº 3.345/DF, Rel. Min. Celso de Mello, julg. 25.08.2005, assentou que, ao responder a uma simples consulta, o TSE exerce "competência materialmente administrativa, de cuja prática resultam deliberações desvestidas de caráter vinculante". Posição diversa é defendida por SOUZA, Marcelo Alves Dias de. *Do precedente judicial à súmula vinculante*. Curitiba: Juruá, 2006. p. 239; e por ROSAS, Roberto. *Direito processual constitucional*: princípios constitucionais do processo civil. 2. ed. São Paulo: Revista dos Tribunais, 1997. p. 174: "A letra do Código Eleitoral não é uma *vana verba*, sem expressão. Hoje, um pronunciamento da Corte; amanhã, diferente. Não teria sentido a resposta afirmativa à consulta posteriormente alterada pelo próprio Tribunal, quando se apresentam as questões de forma idêntica. As decisões da Justiça Eleitoral, mormente as consubstanciadas nas consultas, têm força normativa".

2.3.5 Funções desempenhadas pela Justiça Eleitoral

As funções desempenhadas pela Justiça Eleitoral estão sistematizadas em:

a) função jurisdicional – atividade típica de composição de conflitos, hoje exercida, fundamentalmente, em sede de ações (cíveis e penais), representações e reclamações eleitorais, incluindo, ainda, os respectivos recursos;

b) função administrativa – abrange a administração do processo eleitoral, para o que há de atuar de ofício; como lembra Torquato Jardim, o processo eleitoral é um processo administrativo, e o que o singulariza é a *unicidade* do órgão administrativo executor e do órgão judiciário incumbido do seu controle judicial; ocupa a maior parte das atividades da Justiça Eleitoral, incluindo, dentre outras, as atividades de organização do eleitorado, composição de mesas receptoras, preparação de urnas, apuração dos votos, proclamação e diplomação dos eleitos;[145]

c) função consultiva – é representada pela competência do TSE e dos TRE's para responderem a consultas feitas sobre matéria em tese; trata-se inegavelmente de atribuição estranha a órgãos do Poder Judiciário, todavia em face das peculiaridades da Justiça Eleitoral, que, como visto, desempenha marcantemente funções administrativas, assume grande importância na atividade desempenhada pelos tribunais; exemplo claro do relevo de tal atribuição foi a repercussão da resposta à Consulta nº 1.398/DF, Rel. Min. Cesar Rocha, 27.03.2007, que cuidou da possibilidade

---

[145] Em que pese pouco difundida, em vista da indisponibilidade dos interesses em jogo nas eleições, ou da "vocação publicística do processo eleitoral" (FERREIRA, Pinto. *Código Eleitoral comentado*. 5. ed. São Paulo: Saraiva, 1998. p. 23), a mediação não deve ser excluída da atuação da Justiça Eleitoral, notadamente no que pertine a possíveis conflitos circunscritos ao desempenho das atribuições administrativas. Interessante abordagem sobre o tema pode ser encontrada em JUNKES, Sérgio Luiz. A mediação no âmbito da justiça eleitoral. *Resenha Eleitoral*, Florianópolis, v. 11, n. 2, p. 22-27, jul./dez. 2004: [...] "especificamente na orbe eleitoral os conflitos levados ao crivo do Judiciário são, em sua maioria, pouco suscetíveis à obtenção de uma composição. Isso não em razão de uma suposta inflexibilidade dos partidos e integrantes, mas, sim em face de que, em geral, se costuma, perante a Justiça Eleitoral questionar-se preponderantemente acerca da inobservância de certos pressupostos eleitorais pela parte oponente ou, então, examinar a prática de alguma modalidade delituosa, para, daí, impor-se as respectivas cominações. Apesar de aplicável, a eficiência da mediação aparentemente afigurar-se-ia substancialmente limitada. Todavia, tal não constitui impedimento à atividade criadora dos componentes da Justiça Eleitoral. Exemplo disso é a promissora utilização da mediação para que os partidos e candidatos consensualmente firmem certas medidas de cunho preventivo ou acolham determinadas pautas de conduta, como ocorreu em relação ao bem-sucedido pacto de limitação da propaganda em postes e logradouros públicos".

de que candidato eleito por um partido mantivesse o mandato quando da troca de agremiação; com suporte em pronunciamento do TSE e posterior manifestação do STF, criou-se instrumento mais efetivo no sentido de coibir a infidelidade partidária; e

d) função normativa – competência para expedir normas que garantam a execução da legislação eleitoral (vide arts. 1º, parágrafo único, e 23, IX, do Código Eleitoral e art. 105, da Lei nº 9.504/97); trata-se de função legislativa a ser desempenhada com nítido viés regulamentar; a competência é, pois, limitada à edição de atos normativos de caráter secundário, e não primário (que inovam na ordem jurídica); assim, às resoluções não é dado contrariar a lei, salvo nos casos em que, diante de conflito entre esta e a Constituição, dirimam a controvérsia em prol da Lei Maior; do contrário, há usurpação de funções do Poder Legislativo, como foi o caso, em passado recente, de ato normativo que fixou o número de vereadores em todos os municípios brasileiros.[146] O tema será enfrentado com mais vagar no capítulo 3.

2.3.6 Competência da Justiça Eleitoral

A Constituição de 1988, conforme expresso, não cuidou de delinear a competência da Justiça Eleitoral, ao contrário do que realizou, por exemplo, com a Justiça Trabalhista, em relação à qual estabeleceu, no próprio texto, o rol de atribuições (art. 114). Com efeito, remeteu o encargo, no artigo 121, ao legislador complementar, incumbindo-lhe dispor sobre a organização e competência da Justiça Eleitoral.[147]

---

[146] Recorda-se o fato de que o STF concluiu diversamente, julgando improcedente a ADIn nº 3.345/DF, Rel. Min. Celso de Mello, julg. 25.08.2005. Anota GOMES, 2008, p. 54, que: [...] "as Resoluções expedidas pelo TSE ostentam força de lei. Note-se, porém, que ter força de lei não é o mesmo que ser lei! O ter força, aí, significa gozar do mesmo prestígio, deter a mesma eficácia geral e abstrata atribuída às leis. Mas estas são hierarquicamente superiores às resoluções pretorianas. Impera no sistema pátrio o princípio da legalidade (CF, art. 5º, II), pelo que ninguém é obrigado a fazer ou deixar de fazer alguma coisa senão em virtude de lei. Reconhece-se, todavia, que as resoluções do TSE são importantes para a operacionalização do Direito Eleitoral, sobretudo das eleições, porquanto consolidam a copiosa legislação em vigor. Com isso, proporciona-se mais segurança e transparência na atuação dos operadores desse importante ramo do Direito".

[147] O dispositivo tem a seguinte redação: "Art. 121. Lei complementar disporá sobre a organização e competência dos tribunais, dos juízes de direito e das juntas eleitorais"; há clara atecnia do texto ao se reportar a "juízes de direito", quando o correto seria "juízes eleitorais", nos termos

Passadas, porém, quase duas décadas da promulgação da Constituição de 1988, o Congresso Nacional não editou regramento sobre a competência dos órgãos da Justiça Eleitoral, dando de ombros para o comando do art. 121. A matéria, assim, continua disciplinada no Código Eleitoral (Lei nº 4.737/65).

Desde os primeiros anos da vigência da Carta de 88, o Tribunal Superior Eleitoral firmou o entendimento de que, não existindo, segundo a dogmática, inconstitucionalidade formal superveniente, e ausente qualquer incompatibilidade substancial entre as regras até então em vigor e a Constituição, continuar-se-ia observando, como parâmetro de competência do Tribunal e dos demais órgãos da Justiça Eleitoral, a disciplina do Código Eleitoral a respeito,[148] até que o Congresso Nacional editasse o novo regramento.

Estabeleceu-se, com efeito, que o Código Eleitoral, embora lei ordinária, fora recepcionado, no tocante à organização e competência da Justiça Eleitoral, com o *status* de lei complementar (vide TSE, REspE nº 12.641/TO, Rel. Min. Costa Leite, julg. 29.02.1996),[149] o que reforçado pela edição da Lei Complementar nº 86/96, que alterou a competência do TSE, incluindo a possibilidade de que processe e julgue a ação rescisória eleitoral.[150]

---

do que já previsto nos arts. 92, V e 118, III, da CF; ainda que as atribuições da Justiça Eleitoral de primeiro grau sejam desempenhadas por juízes de direito (ou substitutos) — dada a ausência de magistratura eleitoral de carreira — não há dúvida de que figuram eles dentre os órgãos da Justiça dos Estados.

[148] Cf. voto do Min. Sepúlveda Pertence no MS. 1501/RJ, julg. 06.02.1992: "[...] é axiomático que não há inconstitucionalidade formal superveniente, de modo que sempre se tem entendido que a norma ordinária e anterior à Constituição, que tenha reservado a matéria à legislação complementar, com força desta pode ser recebida pela ordem nova, se, substancialmente, com ela não for incompatível"; sobre a inexistência de inconstitucionalidade formal superveniente, cf. BARROSO, Luís Roberto. *Interpretação e aplicação da Constituição*. 3. ed. São Paulo: Saraiva, 1999. p. 83.

[149] Em idêntico sentido, cf. TSE, MC nº 14.150/DF, Rel. Min. Torquato Jardim, julg. 23.08.1994: "O Código Eleitoral, no que pertinente à organização e funcionamento da Justiça Eleitoral, foi recepcionado como lei complementar (Const., art. 121)".

[150] Sendo a competência da Justiça Eleitoral afeta à lei complementar e tendo sido o Código Eleitoral recepcionado, no tocante, com esse *status*, a edição da LC nº 86/96 reforçou a necessidade de que qualquer alteração das regras hoje em vigor observe tal formalidade; deve-se recordar, ainda, que a alteração realizada pela LC nº 86/96 foi, até agora, a única verificada durante a vigência da Constituição de 88 acerca da disciplina do Código Eleitoral quanto à competência da Justiça Eleitoral (não se ignora a Lei nº 8.868/94, que extinguiu a figura do preparador eleitoral, todavia tendo finalidade outra, que apenas reflexamente repercutiu na competência dos órgãos da Justiça Eleitoral, não pode ser agrupada com aquela). Não se olvida, ademais, que outras regras de competência foram disciplinadas por atos normativos do TSE (*v.g.* a Res. nº 22.610/07, que trata da justificação de desfiliação partidária e que foi objeto de contestação perante o STF, nos autos das ADINs nº 3.999 e nº 4.086, figurando como um dos fundamentos da alegada inconstitucionalidade a indicação de que teria, ao dispor sobre competência da Justiça Eleitoral, malferido o art. 121, da CF) e também pela Lei nº 9.504/97, que, mesmo incorrendo em inconstitucionalidade — pois ordinária — traça normas de competência no art. 96, o que veementemente criticado em doutrina; cf. a propósito, CASTRO, Edson de Resende. *Teoria e prática do direito eleitoral*. 4. ed. Belo Horizonte: Mandamentos, 2008. p. 45.

Vê-se, portanto, que as regras hoje vigentes acerca da competência da Justiça Eleitoral foram fixadas sob a égide da ordem constitucional decaída, e embora haja o TSE proclamado a ausência de incompatibilidade substancial entre elas e a Constituição Federal, verifica-se inegável conflito entre algumas das disposições do Código Eleitoral e a Lei Maior.

Diversos dispositivos do Código acerca da competência da Justiça Eleitoral sequer foram recepcionados pela nova ordem constitucional, todavia ali continuam a figurar, confundindo os que se postam a manusear a legislação eleitoral. Exemplo claro é a previsão do art. 22, I, "d", que estabelece competir ao TSE processar e julgar originariamente "os crimes eleitorais e os comuns que lhes forem conexos cometidos pelos seus próprios Juízes e pelos Juízes dos Tribunais Regionais". É sabido que, de acordo com o que está disposto na Carta de 88, eventuais crimes cometidos por ministros de tribunais superiores devem ser julgados pelo Supremo Tribunal Federal, enquanto as infrações penais praticadas por membro de tribunal regional eleitoral estão afetas à competência do Superior Tribunal de Justiça.[151]

Até que novo regramento seja editado, a competência da Justiça Eleitoral continuará regulada pelo Código de 1965, que, a exemplo dos seus antecessores, optou por elencar separadamente as atribuições jurisdicionais e administrativas dos tribunais. Assim, podem ser encontrados nos artigos 22 e 23 do Código Eleitoral, os elencos de competências jurisdicional e administrativa, respectivamente, do TSE; e nos artigos 29 e 30 as atribuições, também cindidas, dos regionais. Já a competência dos juízes e juntas eleitorais está descrita nos artigos 35 e 40 da legislação codificada.

A opção do constituinte originário por não disciplinar a competência da Justiça Eleitoral e a mora legislativa quanto à edição de regramento que supra tal lacuna enseja claras dificuldades para definir o espectro de atribuições da Justiça Especializada, especialmente diante da impossibilidade de se definir a competência de acordo com pseudocritérios como "tudo o que disser respeito a eleições", ou ainda "tudo que corresponder à matéria eleitoral".

---

[151] Outro exemplo que merece referência é a competência do TSE para processar e julgar mandados de segurança, em matéria eleitoral, impetrados contra ato do Presidente da República (Art. 22, inciso I, alínea "e"); a incompatibilidade do dispositivo com a Constituição fora declarada ainda na vigência da ordem constitucional decaída, após o julgamento do MS nº 20.409/DF (31.08.1983), por parte do Supremo Tribunal Federal. A matéria está disciplinada atualmente no art. 102, I, "d", da Constituição Federal, que atribui a competência ao STF.

Há claras zonas de penumbra, mormente diante de questões relacionadas ao chamado Direito Partidário (estariam ou não abrangidas pela competência da Justiça Eleitoral? poderia o Poder Judiciário Eleitoral, considerados os grêmios partidários como pessoas de direito privado, imiscuir-se em questões *interna corporis*?); ou ainda, frente a questões anteriores ao início do processo eleitoral (como a definição do número de vereadores)[152] ou posteriores à diplomação.

Diante da ausência de regramento atual e específico, vê-se que as lacunas têm sido supridas pelos próprios órgãos da Justiça Eleitoral, notadamente do TSE, que construiu, há muito, postulados que vêm sendo seguidos reiteradamente, definindo os limites de suas atribuições.

Pelo menos dois deles, porém, que há muito imperavam, foram elididos por ocasião do julgamento da Consulta nº 1.398-DF, Rel. Min. Cesar Rocha, julg. 27.03.2007, quando a Corte Superior conheceu e respondeu indagação sobre a possibilidade de partidos políticos conservarem o direito à vaga obtida pelo sistema proporcional, quando houver pedido de cancelamento de filiação ou de transferência do candidato eleito por um partido para outra legenda.

O primeiro deles refere-se ao entendimento segundo o qual a Justiça Eleitoral não é competente para conhecer questões posteriores à expedição dos diplomas, ato culminante do processo eleitoral, após o qual resta exaurida a atribuição da Justiça Especializada, ressalvada, por obviedade, a interposição de demandas próprias do Direito Processual Eleitoral, as quais encontram na diplomação o marco inicial para o seu ajuizamento, muito embora versem sobre fatos anteriores a ela, como é o caso da AIME e do RCD.

Ilustra tal posicionamento o acórdão lançado no Recurso Ordinário 656/PE, Rel. Min. Ellen Gracie, julg. 16.09.2003:

---

[152] Conferir PINTO, 2006, p. 50: "A Justiça Eleitoral não tem competência para estabelecer o número de Vereadores nas Câmaras Municipais. Sua competência para essa fixação restringiu-se ao ano de 1988, nos termos do §4º do art. 5º do Ato das Disposições Transitórias: [...] A partir de 1988, portanto, coube à lei orgânica de cada Município estabelecer o respectivo número de Vereadores, sempre levando em consideração a seguinte proporcionalidade estabelecida no art. 29, IV, da Lei Maior" [...] Cumpre recordar que, não obstante o entendimento manifestado em sede doutrinária, o TSE, por meio da Resolução nº 21.702/04, fixou o número de vereadores em todas as Câmaras Municipais com vistas ao pleito municipal de 2004, em ato posteriormente contestado perante o Supremo Tribunal Federal, nos autos da ADIn nº 3.345/DF, Rel. Min. Celso de Mello, julgada improcedente em 25 de agosto de 2005.

> A competência da Justiça Eleitoral se encerra com a diplomação dos eleitos, razão pela qual refoge à jurisdição deste Tribunal Superior a apreciação de matéria relativa à nulidade de ato de presidente da Câmara Municipal que deu posse a mais dois vereadores, em razão do aumento do número de cadeiras, após o prazo final para diplomação dos eleitos.

O tema versado na Consulta nº 1.398 — possibilidade de Partido preservar vaga obtida em eleição proporcional, quando da mudança de legenda do candidato eleito —, constitui inegavelmente uma questão posterior à diplomação, de modo que, a prevalecer a posição antes firmada, a Justiça Eleitoral, por certo, não conheceria da pretensão formulada na referida demanda.

A *vexata quaestio*, porém, *restou enfrentada pelo TSE*, e assim agindo, há que se assentar haver encetado, ali, a revisão de sua jurisprudência.[153]

Com efeito, conhecendo e respondendo à CTA nº 1.398, o TSE rechaçou o entendimento de que a Justiça Eleitoral não tem competência para dirimir questões posteriores à diplomação, o que findou reforçado quando, por sugestão do Supremo Tribunal Federal,[154] editou a Resolução nº 22.610/07, estabelecendo procedimento para julgar representação para a decretação de perda de cargo eletivo ou para a justificação de desfiliação partidária.

Desse modo, é inarredável a conclusão de que o julgamento da CTA nº 1.398 e os desdobramentos dele advindos provocaram verdadeira quebra de paradigmas da jurisprudência eleitoral.

---

[153] A prevalecer a posição sedimentada na jurisprudência da Corte, qualquer *pretensão concreta* quanto à manutenção da vaga de filiado "infiel" que houvesse chegado à Justiça Eleitoral sequer seria conhecida, determinando-se a remessa dos autos ao Juízo Comum, uma vez que a Justiça Eleitoral já teria exaurido sua competência com a diplomação. Nessa linha, se observa que, não tendo competência para conhecer a matéria num *caso concreto*, também não deteria o TSE, logicamente, competência para responder à consulta formulada pelo *Democratas* sobre matéria eleitoral *em tese*. *Se o fez, adotou inegavelmente uma mudança de posição, com inegáveis desdobramentos*.

[154] Cf. BRASIL. Supremo Tribunal Federal, MS 26.603, Rel. Min. Celso de Mello, julg. 04.10.2007: "Nada impedirá que o E. Tribunal Superior Eleitoral, à semelhança do que se registrou em precedente firmado no caso de Mira Estrela/SP (RE 197.917/SP), formule e edite resolução destinada a regulamentar o procedimento (materialmente) administrativo de justificação em referência, instaurável perante órgão competente da própria Justiça Eleitoral, em ordem a estruturar, de modo formal, as fases rituais desse mesmo procedimento, valendo-se, para tanto, se assim o entender pertinente, e para colmatar a lacuna normativa existente, da 'analogia legis', mediante aplicação, no que couber, das normas inscritas nos arts. 3º a 7º da Lei Complementar nº 64/90. Observo que a fórmula da resolução ora sugerida, a ser eventualmente editada pelo E. Tribunal Superior Eleitoral, representou solução idealizada no julgamento plenário do já mencionado RE 197.917/SP e foi considerada inteiramente constitucional, por esta Suprema Corte, quando da apreciação da ADI 3.345/DF, de que fui Relator, em decisão que julgou improcedente referida ação direta".

Basta que se tenha em conta que outro postulado há muito firmado, quanto a não ter competência a Justiça Eleitoral para conhecer de questões *interna corporis* dos partidos políticos também foi *fulminado*. Neste ponto, é certo, já se assistia a um abrandamento da jurisprudência do TSE, que se vinha firmando no sentido de processar e julgar litígios que envolvessem questões partidárias quando guardassem relação com o processo eleitoral, acolhendo-se posição que, em doutrina, já vinha de ser defendida por Edson de Resende Castro.[155] Ilustra tal posicionamento aresto lavrado no RESPE nº 26.412/PB, Rel. Min. Cesar Rocha, julg. 20.09.2006: "É competência da Justiça Eleitoral analisar controvérsias sobre questões internas das agremiações partidárias quando houver reflexo direto no processo eleitoral, sem que esse controle jurisdicional interfira na autonomia das agremiações partidárias, garantido pelo art. 17, §1º, da CF".

Acolhida a sugestão do Supremo Tribunal Federal e editada a Resolução nº 22.610/07, se tem assistido à assunção por parte da Justiça Eleitoral da atribuição de conhecer e dirimir questões posteriores à diplomação e que dizem respeito à vida intestina dos partidos políticos — relação entre filiados e a agremiação — rompendo os paradigmas que havia firmado, fazendo recordar o regime constitucional decaído, quando por força do art. 152, da Emenda Constitucional nº 1/69, com a redação dada pela Emenda Constitucional nº 11/78, cabia à Justiça Eleitoral decretar a perda de mandato eletivo por infidelidade partidária.[156]

Não é demais lembrar que tal atribuição da Justiça Eleitoral há muito se esvaíra, notadamente após a edição da Emenda Constitucional nº 25/85, não sem que antes houvesse o Tribunal Superior Eleitoral, em posição de vanguarda, afastado a exigência de fidelidade partidária para o voto no Colégio Eleitoral formado para escolher o Presidente da República nas eleições de 15 de janeiro de 1985, disputadas por Tancredo Neves e Paulo Maluf, e vencidas por aquele.[157]

---

[155] Cf. CASTRO, Edson de Resende. *Teoria e prática do direito eleitoral*. 4. ed. Belo Horizonte: Mandamentos, 2008. p. 43-47.

[156] "Art. 152 §5º. Perderá o mandato no Senado Federal, na Câmara dos Deputados, nas Assembléias Legislativas e nas Câmaras Municipais quem por atitudes ou pelo voto, se opuser às diretrizes legitimamente estabelecidas pelos órgãos de direção partidária ou deixar o partido sob cuja legenda foi eleito.
§6º A perda do mandato será decretada pela Justiça Eleitoral, mediante representação do partido, assegurado o direito de ampla defesa".

[157] Sobre a decisiva participação do TSE no episódio, conferir SADEK, Maria Tereza Aina. *A justiça eleitoral e a consolidação da democracia no Brasil*. São Paulo: Fundação Konrad Adenauer, 1995.

Vê-se, portanto, que a ausência de regramento específico atualizado sobre a competência da Justiça Eleitoral tem criado, na prática, dificuldades para o estabelecimento de limites para a atuação jurisdicional dos tribunais e juízes eleitorais, admitindo, diante de mudanças na orientação da jurisprudência, como as acima indicadas, seja estabelecido um espectro bastante maleável de competências da Justiça Eleitoral com base nos critérios fixados por ela própria.

Outras questões relacionadas à competência que pendem de regulação e que geram dúvidas e conflitos entre órgãos jurisdicionais podem ser citadas em arremate deste tópico, como, por exemplo, a determinação de quem seria competente para processar: a) execuções fiscais deflagradas pela Procuradoria da Fazenda Nacional com fundamento em dívidas oriundas de multas aplicadas pela Justiça Eleitoral;[158] b) crimes eleitorais definidos como de menor potencial ofensivo;[159] c) ações de justificação que objetivam alteração de dado cadastral de eleitor perante cartório eleitoral;[160] d) crimes contra a honra com suposta finalidade eleitoral, cometidos fora do período de propaganda;[161] e) crimes praticados contra juiz eleitoral;[162] e f) atos infracionais análogos a crimes eleitorais imputados a adolescente.[163]

[158] Conferir BRASIL. STJ, 1ª Seção, CC nº 77.503/MS, Rel. Min. José Delgado, julg. 28.11.2007.
[159] Conferir BRASIL. STJ, 3ª Seção, CC nº 37.589/SC, Rel. Min. Félix Fischer, julg. 26.03.2003.
[160] Conferir BRASIL. STJ, 1ª Seção, CC nº 56.932/PB, Rel. Min. Luiz Fux, julg. 09.04.2008.
[161] Conferir BRASIL. STJ, 3ª Seção, CC nº 79.872/BA, Rel. Min. Arnaldo Esteves Lima, julg. 26.09.2007.
[162] Conferir BRASIL. STJ, 3ª Seção, CC nº 45.552/RO, Rel. Min. Arnaldo Esteves Lima, julg. 08.11.2006.
[163] Conferir BRASIL. STJ, 3ª Seção, CC nº 38.430/BA, Rel. Min. Félix Fischer, julg. 11.06.2003.

Capítulo 3

Virtudes e Vícios do Sistema Jurisdicional Brasileiro

Sumário: **3.1** As virtudes do sistema brasileiro de controle do processo eleitoral – **3.2** Os vícios do sistema brasileiro de controle do processo eleitoral – **3.2.1** O apego ao controle das eleições sob o aspecto formal – **3.2.2** Os excessos praticados no exercício da função normativa – **3.2.3** A demora na resolução das controvérsias eleitorais

À vista do que se expôs até aqui, algumas conclusões podem ser facilmente alcançadas. A primeira delas é que, embora mantendo praticamente o mesmo esboço estrutural desde quando foi criada, há mais de sete décadas, a denotar, em princípio, um apego ao tradicionalismo, que, de resto, marca o Poder Judiciário no Brasil, a Justiça Eleitoral, no que concerne ao aperfeiçoamento dos sistemas de votação e apuração, logrou acompanhar os avanços tecnológicos, empregando recursos que contribuíram sobremaneira para moralizar os escrutínios, tanto que atualmente não há dúvidas fundadas sobre a lisura da urna eletrônica ou máquina de votar.[164]

Além disso, é possível inferir que, mesmo tendo a Justiça Eleitoral avançado significativamente quanto à otimização da tarefa

[164] Não se nega que, de modo recorrente, dúvidas são alçadas sobre a segurança e sigilo dos sistemas de coleta e apuração dos votos, notadamente por candidatos derrotados (que se mantêm firmes no costume de, tal como numa peleja futebolística, atribuir ao árbitro a responsabilidade pelo insucesso), todavia, até agora, nenhuma delas se revelou suficientemente fundada para comprovar qualquer tipo de manipulação (veja-se, a propósito, o debate travado no TSE por ocasião do julgamento do RO nº 2.335/AL, Rel. Min. Fernando Gonçalves, julg. 08.04.2010). Experiências como o voto impresso, adotado em 2002 e posteriormente abolido diante de sua inutilidade (todavia com nova adoção prevista a partir das eleições de 2014, por força do art. 5º, da Lei nº 12.034/09), somente reforçam a correção dos programas e mecanismos computacionais empregados, calhando ressaltar o esforço institucional para a constante modernização dos procedimentos, como a implantação da identificação biométrica do eleitorado, atualmente em curso.

de administrar os pleitos, ainda se convive no Brasil com a ideia corrente de que as eleições são corrompidas, dada a influência do abuso de poder na fase de captação de votos (ou mesmo antes dela, uma vez que, de tão arraigada em nossa cultura política a prática do aliciamento, muitas vezes patrocinada pelo próprio Estado, tem-se a sensação de que "tudo gira em torno de interesses político-eleitorais").

Pululam em todo o País denúncias de corrupção eleitoral,[165] com relatos que dão conta de votos trocados por diversas benesses, das mais simples e tradicionais às mais inusitadas, formando um quadro indicativo de que um longo caminho ainda há de ser percorrido para garantir consultas verdadeiramente livres e justas.

Ademais, os casos de corrupção que chegam à Justiça Eleitoral ensejam processos que se arrastam por períodos longos, alcançando-se a solução, muitas vezes, quando já prestes a se exaurir o mandato disputado (e obtido sob a pecha do vício), frustrando a plena confiança dos cidadãos no sistema de justiça, notadamente quando envolvido valor fundamental da democracia: a soberania popular.

Ante tais reflexões, assoma evidente o fato de que se há muito a comemorar, em virtude da consolidação de um sistema que se mostra em boa parte virtuoso e paradigmático, também resistem, doutra parte, vícios que continuam a reclamar atuação firme dos que integram a Justiça Eleitoral brasileira, de modo a que se evolua decisivamente para o aperfeiçoamento pleno do sistema jurisdicional de controle das eleições.

Buscar-se-á, nas linhas seguintes, examinar fatores identificados na presente obra como indicativos das virtudes e vícios do modelo constitucional brasileiro de apuração da verdade eleitoral.

3.1 As virtudes do sistema brasileiro de controle do processo eleitoral

Além dos grandiosos avanços registrados nos últimos anos quanto à administração eleitoral no Brasil, que podem ser sintetizados pela existência de um cadastro de eleitores informatizado, único e

[165] A figura da captação ilícita de sufrágio, prevista no art. 41-A, da Lei nº 9.504/97, já foi motivo para a cassação de mais de 600 candidatos em menos de uma década, segundo dados revelados pelo Movimento de Combate à Corrupção Eleitoral. Disponível em: <http://www.lei9840.org.br/dossie07.htm>. Acesso em: 08 ago. 2009.

depurado, e da modernização dos procedimentos para a coleta e apuração de votos, permitindo inegável ganho para a agilidade e correção das consultas, tem-se que o modelo jurisdicional de controle das eleições também registra aspectos positivos.

A experiência de delegar a um ramo especializado do Poder Judiciário o encargo de qualificar as eleições, incluindo o julgamento das controvérsias eleitorais, serve para dotar de confiabilidade o sistema de controle dos pleitos, uma vez que orientado por critérios tipicamente normativos e jurisdicionais, possibilitando que os conflitos sejam dirimidos, com força imperativa, por terceiro, imparcial, sob as garantias constitucionais dirigidas aos litigantes em geral. As decisões proferidas (necessariamente fundamentadas, sob pena de nulidade) são controladas por um sistema recursal atrelado a três graus de jurisdição, sem excluir, em caso de alegada afronta à Constituição, a atuação do Supremo Tribunal Federal.

Compreendido o processo eleitoral, aqui, como o "conjunto de atos e procedimentos ordenados desenvolvidos perante um órgão jurisdicional com o fim de solucionar um determinado litígio de natureza eleitoral",[166] não remanesce dúvida fundada sobre o fato de que deve ele observar a cláusula do *due process of law*, assegurando-se aos litigantes a ampla defesa e o contraditório, conforme previsão do art. 5º, incisos LIV e LV, da Constituição Federal.

No Brasil, aliás, diante da "justiciabilidade" das questões eleitorais, a afastar a possibilidade de que sejam dirimidas mediante critérios de ordem política, há inquestionável subsunção dos processos instaurados no âmbito da Justiça Eleitoral à cláusula do devido processo e isto representa invariavelmente uma garantia relevante para todos os envolvidos e interessados nas eleições, uma vez que se assegurará o acesso à Justiça sob a certeza de que as controvérsias serão dirimidas à luz de parâmetros jurídicos.

Com efeito, se em alguns países somente agora é percebida a tendência à plena jurisdicionalização dos procedimentos eleitorais, apontada como condição para a consecução de um Estado Constitucional Democrático de Direito (Aragón), o Brasil pode se orgulhar de, com grande antecedência — pelo menos sete décadas —, haver retirado da arena tipicamente política a qualificação das eleições, em especial o julgamento das controvérsias eleitorais.

[166] PEREIRA, Rodolfo Viana. *Tutela coletiva no direito eleitoral*: controle social e fiscalização das eleições. Rio de Janeiro: Lumen Juris, 2008b. p. 23.

É certo que se há verificado, como alinhado anteriormente, um incremento da atuação jurisdicional da Justiça Eleitoral brasileira, com a cassação de vários mandatos, em movimento que se denominou de "terceiro turno"[167] das eleições, e que é contestado sob a pecha de contramajoritário.

A "judicialização" das eleições vem, de fato, crescendo nos últimos anos, importando que diversas disputas transcendam a arena das urnas, campo próprio para a manifestação soberana da vontade popular, e se prolonguem nos tribunais eleitorais, instados a examinar a legitimidade dos pleitos.

O fenômeno resulta do próprio sistema de controle das eleições, que outorga a um órgão especializado do Poder Judiciário o exercício do contencioso (pós-)eleitoral, desenvolvido mediante critérios próprios, permitindo, diante de um arcabouço legislativo dotado de instrumentos para impugnar alegados abusos de poder, que a Justiça Eleitoral assuma um papel preponderante no processo de renovação dos mandatos, não apenas pela administração das consultas, mas especialmente pela validação dos resultados e julgamento dos litígios eleitorais.

Os tribunais eleitorais têm, não raro, reconhecido a carência de higidez da manifestação popular e cassado mandatos, comportamento frequentemente contestado em vista de uma possível ausência de legitimidade democrática para assim proceder.

Nesse contexto, as decisões judiciais são muitas vezes acoimadas de contramajoritárias,[168] por supostamente confrontarem valor tão caro como o da soberania popular, fundante do Estado Democrático de Direito.

Ainda que não se negue que a atuação assoma, à primeira vista, como contrária à soberania popular, notadamente quando se determina, na hipótese de disputa para cargos do Poder Executivo, a posse do segundo colocado e não a renovação do pleito (o que ocorrerá sempre que a nulidade atinja menos da metade dos

[167] COSTA, Adriano Soares da. *Democracia, judicialização das eleições e terceiro turno*. Disponível em: <http://www.adrianosoaresdacosta.blogspot.com>. Acesso em: 05 mar. 2009.

[168] Importante debate sobre o tema da legitimidade democrática da atuação do Poder Judiciário, travado no campo da jurisdição constitucional, pode ser encontrado em BINENBOJM, Gustavo. *A nova jurisdição constitucional brasileira*: legitimidade democrática e instrumentos de realização. 2. ed. Rio de Janeiro: Renovar, 2004; SAMPAIO, José Adércio Leite. *A Constituição reinventada pela jurisdição constitucional*. Belo Horizonte: Del Rey, 2002; e ELY, John Hart. *Democracia e desconfiança*: uma teoria do controle judicial de constitucionalidade. Tradução de Juliana Lemos. São Paulo: Martins Fontes, 2010.

votos),[169] o incisivo comportamento da Justiça Eleitoral somente reforça o sistema de combate aos abusos praticados ao longo das campanhas eleitorais, assumindo papel decisivo na verificação da *legitimidade* das consultas.

É preciso ter presente o fato de que milita em favor do candidato vitorioso a presunção de haver logrado o mandato de forma lícita, sendo de se lhe garantir, em privilégio da soberania popular, o reconhecimento do título que o habilitará ao exercício das funções para as quais foi escolhido. Tal presunção, contudo, pode ser elidida enquanto perdurar a contestação dos expedientes de que lançou mão para a captação dos votos, de modo que, reconhecida, mediante decisão judicial, a prática de vício — que exige, em regra, no Brasil, com suporte em iterativa construção jurisprudencial, prova inconcussa do ilícito e potencialidade[170] para influenciar a normalidade e a legitimidade das eleições, o que bastante justificável diante de valor sensível como a soberania popular — passará a militar em favor da coletividade o interesse de expurgar aquele que violou as regras da disputa.

Impõe-se ter também presente, como anota o Min. Carlos Britto, a noção de que a atuação da Justiça Eleitoral, em casos tais, embora aparentemente contramajoritária "e, portanto, conspurcadora da pureza do princípio democrático, da democracia", que tem por princípio ativo, por elemento conceitual, a majoritariedade", assim não pode ser qualificada, pois, "no limite, quando se confrontam, quando se antagonizam majoritariedade e legitimidade, a Constituição opta pela legitimidade".[171]

Lembra o Ministro, analisando os recentes comportamentos da Justiça Eleitoral quanto à cassação de mandatos, responsável por apear dos cargos diversos governadores de Estados, que: "É preciso ganhar legitimamente, sem abusar jamais da máquina administrativa, sem incidir nesta terrível doença institucional do país, que é o patrimonialismo, compreendido como indistinção entre o público e o privado". E finaliza:

[169] Cf. a propósito o debate sobre o tema que está ocorrendo atualmente no Supremo Tribunal Federal, no julgamento da ADPF nº 155, Rel. Min. Ricardo Lewandowski.

[170] Em que pese a Lei Complementar nº 135/10 substituir tal requisito pelo da "gravidade das circunstâncias".

[171] BRASIL. Tribunal Superior Eleitoral, RCD nº 671/MA, Rel. Min. Carlos Britto, julg. 03.03.2009.

> É preciso, porém, ver as situações sob a ótica das duas partes: se, do ângulo de quem ganha uma decisão pela cassação do diploma — como estamos a tomar e, por consequência, cassação do mandato —, traduz-se usurpação, violência; do ângulo de quem perde, de quem fica em segundo lugar, é diferente. Quem tira o segundo lugar numa eleição há de dizer: "Eu que tirei o primeiro lugar, o verdadeiro vencedor fui eu, porque não usei de meios ilícitos. Não violei, não saí do esquadro da Constituição e da legalidade, então o meu mandato me está sendo devolvido." Assim, depende do ângulo em que as pessoas se colocam.
>
> O que nos cabe é velar pela normalidade e legitimidade do processo eleitoral. É isso que nos cabe. E quando detectamos, como estamos a detectar, abuso de poder, captação ilícita de sufrágio, que, no caso, redundou num uso incomum, a ponto de caracterizar abuso de celebração de convênios, transferências de recursos, inauguração de obras com presença de candidatos, estabelece-se aquele vínculo de que falei no início da minha intervenção.
>
> A predisposição para usar a máquina administrativa sob a lógica pragmática do vale-tudo, fazendo jus ao dito horroroso de que "o feio em política é perder", ou "para os inimigos a lei, e para os amigos tudo", terá como consequência a perda do mandato. E a Justiça Eleitoral não faz senão cumprir o seu papel de velar palavras da Constituição, pela normalidade e legitimidade da eleição.[172]

Indo além, é possível verificar que mesmo o alegado conflito entre legitimidade e majoritariedade, quando em conta a atuação da Justiça Eleitoral, pode se revelar falso. É que, presente o fato de que a maioria foi formada com base em transgressões, conspurcaria a soberania popular permitir que o responsável pela "quebra das regras do jogo" pudesse permanecer no exercício do mandato. No limite, portanto, ao determinar a cassação de mandatos, em vista da prática de vícios, estará a Justiça Eleitoral a atuar em resguardo da legitimidade dos pleitos, mas também do princípio da maioria.

É certo que o deslocamento, para a Justiça Eleitoral, da resolução de contendas que deveriam ser resolvidas nas urnas pode "transformá-la em uma nova arena para a disputa política", permitindo "a utilização estratégica da esfera judicial pelos candidatos e coligações", cabendo-lhe, portanto, "resistir à contaminação

---

[172] *Idem.*

por interesses político-partidários",[173] velando pela normalidade e legitimidade das eleições.

Assim agindo, estará, ao cabo, desincumbindo-se de sua missão institucional, abrigada pela Lei Maior, assegurando verdadeiramente a superioridade da vontade popular.

3.2 Os vícios do sistema brasileiro de controle do processo eleitoral

Malgrado virtuoso, o modelo jurisdicional de controle das eleições adotado no país há mais de setenta anos ainda carece de aperfeiçoamentos. Se os avanços da administração eleitoral são amplamente percebidos e reconhecidos pela população, o mesmo não se pode dizer do sistema judicial de qualificação, que registra graves vícios, como os que se alinha a seguir.

3.2.1 O apego ao controle das eleições sob o aspecto formal

Em razão do que se expôs sobre a conjuntura político-eleitoral reinante no Brasil durante a República Velha (1889-1930), a qual assumiu destacado papel no rompimento institucional que desembocaria, pouco depois, na delegação, a uma instituição judiciária, da tarefa de realizar e qualificar as eleições, não resta dúvida de que a Justiça Eleitoral surgiu sob o confessado propósito de assegurar a lisura dos pleitos, ou melhor, de revelar a verdade eleitoral.

O objetivo, contudo, não ficou circunscrito à gênese da instituição, tendo, ao revés, marcado indelevelmente sua evolução, de modo que, ainda hoje, é possível perceber de forma cristalina que os diversos órgãos da Justiça Eleitoral mantêm rigorosa preocupação em assegurar a transparência e regularidade dos procedimentos eleitorais, de modo a garantir que o voto dado seja contado e se transforme em mandatos.

---

[173] PENALVA, Janaína. Justiça eleitoral, soberania popular e Constituição: algumas considerações sobre os sistemas eleitorais de apreciação de controvérsias eleitorais na América Latina. *In*: *Direito processual eleitoral*: análise e perspectivas. Brasília: Ed. UnB; ABRAMPPE, 2009. No prelo. Cf. também SALGADO, 2010, p. 39: "O protagonismo da Justiça Eleitoral na defesa da autenticidade eleitoral deve ser visto com reservas. O afastamento imediato de candidatos ao pleito ou de mandatários, que ainda passarão pelo crivo popular ou que obtiveram o apoio da população, deve ser feito com muita cautela, sob pena de esvaziar a disputa eleitoral. Corre-se o risco, ainda, de afastar o cidadão do debate eleitoral, a partir de uma excessiva tutela ou de uma desconsideração total de suas escolhas".

A atenção dispensada às tarefas relacionadas à administração do processo eleitoral (aí compreendidas a preparação do pleito, coleta e apuração de votos) é, de fato, de grande importância. Não se admite, como visto, ante o conceito de democracia hoje vigorante (em que prepondera o componente político, mais especialmente, de cunho representativo), eleições sobre as quais pairem dúvidas quanto à correção dos procedimentos e à fidedignidade dos resultados. Como anota José Jairo Gomes: "No regime democrático de direito é impensável que o exercício do poder político, ainda que transitoriamente, não seja revestido de plena legitimidade".[174]

Por outro lado, vê-se que "em países de modernidade tardia como o Brasil, onde o *welfare state* não passou de um simulacro",[175] nos quais vige um "estado de exceção econômico permanente",[176] o uso e, principalmente, o abuso dos poderes político e econômico assumem papel de inegável influência no contexto das campanhas eleitorais, ganhando força diante da fragilidade dos instrumentos normativos a serem manejados, em caráter imperativo, pelos que têm a missão de "evitar os atos viciosos das eleições".

A responsabilidade, contudo, não deve ser imputada somente à legislação. Isto o diz, aliás, com razão, Renato Nalini, ao entender que, no Poder Judiciário brasileiro são

> raras as vozes dispostas a um humilde *mea culpa*. As críticas não merecem reflexão e, em geral, se vêem atribuídas a interesses escusos. [...] A fonte de todos os seus males não estaria em si, porém nos demais poderes, um a fornecer legislação prolífica e defeituosa. Outro a negar recursos materiais indispensáveis ao bom funcionamento da Justiça.[177]

Com efeito, se se reconhece que a legislação eleitoral está marcada por alçado grau de iniquidade quanto à repressão efetiva dos abusos cometidos nas campanhas (o que pode ser facilmente explicado pelo fato de que, nela, mais do que em outra seara, os

---

[174] GOMES, 2008, p. X (prefácio).

[175] STRECK, Lênio Luiz. A hermenêutica filosófica e a teoria da argumentação na ambiência do debate "positivismo (neo) constitucionalismo". *In*: COUTINHO, Jacinto Nelson de Miranda; LIMA, Martônio Mont'Alverne Barreto (Org.). *Diálogos constitucionais*: direito, neoliberalismo e desenvolvimento em países periféricos. Rio de Janeiro: Renovar, 2006. p. 265-320.

[176] BERCOVICI, Gilberto. O Estado de exceção econômico e a periferia do capitalismo. *Pensar*: Revista de Ciência Jurídica, Fortaleza, v. 11, p. 95-99, fev. 2006.

[177] NALINI, Renato. A insurreição ética do juiz brasileiro. *Revista dos Tribunais*, São Paulo, ano 84, v. 721, p. 349-358, nov. 1995.

autores se confundem com os destinatários da norma), não se pode negar que a conjuntura político-eleitoral está a reclamar uma atuação mais incisiva dos representantes da magistratura e do Ministério Público em atuação perante a Justiça especializada.

Nesse contexto, ainda que se presencie hodiernamente intensiva atuação judicial na fase contenciosa pós-eleições, vê-se que ainda reclama expansão o papel preventivo e repressivo a ser assumido pelos organismos eleitorais em face das incursões ilícitas dos protagonistas dos prélios, que buscam ao longo das campanhas influenciar a todo custo a formação da vontade do eleitorado.[178]

As pesquisas fraudulentas, o uso indevido dos meios de comunicação, o emprego de recursos e obras públicas em troca de apoio, o abuso do poder econômico e a corrupção eleitoral são práticas ainda correntes no cotidiano brasileiro,[179] contribuindo para que se construa a imagem de que, no País, "vence a disputa eleitoral aquele que transgride mais" ou que "gasta mais" e que consegue não ser alcançado pelos mecanismos de repressão dos ilícitos.

Pelo menos dois exemplos podem ilustrar práticas ainda adotadas nas disputas eleitorais no Brasil neste início de milênio: (a) o notório episódio envolvendo presidente de diretório estadual de partido político e candidato a governador do Estado de Goiás nas eleições de 2006, que foi acusado de tentar negociar o tempo da agremiação no horário eleitoral gratuito na TV, ao preço de R$1.250.000,00, conforme denunciado no Programa Fantástico, da Rede Globo, exibido em 27 de agosto de 2006; e (b) na pequena Itaperuçu, interior do Estado do Paraná, então vereador, candidato a vice-prefeito nas eleições de 2004, celebrou "Contrato de Compromisso Financeiro e Político", mediante o qual, em troca de empréstimo da quantia de R$350.000,00 em favor de candidatos diversos, a maior parte destinada ao próprio e ao candidato a prefeito com ele registrado, se comprometia a, em caso de vitória, manter três servidores específicos em cargos de primeiro escalão do Executivo, além de assumir o compromisso de que o empréstimo seria pago "com juros e correção monetária com dinheiro da

---

[178] É fundamental que a atuação dos organismos busque resguardar os princípios constitucionais da autenticidade eleitoral e da máxima igualdade na disputa. A propósito, cf. SALGADO, 2010.

[179] A realidade, é certo, não alcança apenas o Brasil. Sobre o contexto da América Latina, conferir ZOVATTO, Daniel. Dinero y política en Latinoamérica. *In*: NÚÑEZ REYNOSO, José; BARQUERA Y ARROYO, Hermínio Sánchez de la (Coord.). *La democracia em su contexto*: estúdios en homenaje a Dieter Nohlen em su septuagésimo aniversario. México: Instituto de Investigaciones Jurídicas de la UNAM, 2009. p. 125-137.

Prefeitura", obrigando-se, ainda, em caso de derrota, a apoiar o mutuante nas eleições vindouras.

De que adianta, com efeito, manter o apego à fidedignidade dos resultados, nutrindo a certeza de que o voto depositado na urna foi contabilizado se, na verdade, a vontade ali manifestada o foi de modo irremediavelmente viciado? É possível, portanto, se cogitar na lisura de eleições em que imperam vícios de tal ordem?

Tem-se, portanto, que, embora de inegável relevo para que se conviva com "eleições livres, justas e frequentes" (DAHL), a regularidade dos procedimentos da administração eleitoral (a incluir a correção no processo de coleta das manifestações de vontade dos cidadãos) não é suficiente, exigindo-se, em acréscimo, um sistema de controle do processo eleitoral de atuação permanente, máxime na fase de captação de votos, de modo a garantir, tanto quanto possível, a liberdade de manifestação do eleitorado.

Quando se alude à influência de fatores evidenciados quando da criação da Justiça Eleitoral (e que marcaram o comportamento da Instituição ao longo do processo histórico), tem-se em conta, fundamentalmente, a noção de que ainda se registra atuação tímida de muitos magistrados eleitorais quanto ao acompanhamento do desenrolar das campanhas. Presos aos dogmas que regem a atividade jurisdicional (notadamente a inércia), e descurando-se das peculiaridades que gravam a atuação dos organismos responsáveis pela administração das eleições (como o poder de polícia), regozijam-se, muitas vezes, por haver cumprido seu papel ante a constatação de que, ao final da contenda, não pairam dúvidas sobre a correção dos resultados apurados.

Faz-se imperioso, contudo, atentar para a advertência de Rogério Medeiros Garcia de Lima:

> Em suma, os juízes eleitorais devem conhecer melhor a realidade do mundo político. Muitos, no entanto, deparam-se com dificuldades nesse mister. Os magistrados são afeiçoados à racionalidade, a qual permeia sobretudo o campo do processo. O pendor racionalista dos juízes contrasta com as artimanhas da ação política. Na luta eleitoral, visando à conquista e exercício do poder, a dissimulação é bastante empregada. Os juízes, racionalistas, não assimilam o pragmatismo dos políticos. Magistrados perseguem incessantemente o esclarecimento cabal dos fatos. Para isso, os processos judiciais possuem fase instrutória, onde são colhidos os depoimentos das partes e as provas documentais, testemunhais e periciais. Buscam

julgar com justiça. O maior desafio dos juízes eleitorais, portanto, é enxergar por trás das aparências dos fatos políticos. Ver o que está oculto.[180]

À atividade de verificação de resultados, que se denomina de meramente formal, há de se somar, portanto, uma atuação eficaz no sentido de eliminar do processo eleitoral as manifestações que corrompem a liberdade de escolha do eleitorado. Não se pretende defender, é certo, comportamento arbitrário, que tolha a benfazeja prática de captação de votos, todavia se espera que ela se desenrole nos limites da licitude, respeitando o equilíbrio entre os candidatos, pois somente assim se alcançará, por certo, a lisura das eleições e a apuração da efetiva verdade eleitoral.

3.2.2 Os excessos praticados no exercício da função normativa[181]

Como expresso linhas atrás, dentre as funções da Justiça Eleitoral, em especial do Tribunal Superior, figura a que se denomina de legislativa ou normativa, de nítido cunho regulamentar e que encontra fundamento em dispositivos do Código Eleitoral (artigos 1º, parágrafo único, e 23, IX) e da Lei nº 9.504/97 (artigo 105).[182]

Sendo função atípica, a atividade legislativa da Justiça Eleitoral está circunscrita à expedição de normas que garantam a "execução" do Código e da Lei das Eleições. A previsão encontra fundamento claro na necessidade de que se edifique ordenamento abrangente, que permita operacionalizar os procedimentos eleitorais com arrimo

---

[180] LIMA, Rogério Medeiros Garcia de. Aprimoramento do processo eleitoral. *In*: *Direito processual eleitoral*: análise e perspectivas. Brasília: Ed. UnB; ABRAMPPE, 2009. No prelo.

[181] Estudo aprofundado sobre o exercício da função normativa da Justiça Eleitoral pode ser encontrado em PINTO, Emmanuel Roberto G. de Castro. *O poder normativo da justiça eleitoral*. Dissertação (Mestrado em Direito Constitucional) – Faculdade de Direito da Universidade Federal do Ceará, Fortaleza, 2008. Interessantes reflexões sobre o tema, com especial destaque para uma possível afronta à Constituição, podem ser encontradas em SALGADO, 2010, p. 217-247.

[182] Os dispositivos têm a seguinte redação:
"Art. 1º Este Código contém normas destinadas a assegurar a organização e o exercício de direitos políticos precipuamente os de votar e ser votado.
Parágrafo único. O Tribunal Superior Eleitoral expedirá Instruções para sua fiel execução".
"Art. 23. Compete, ainda, privativamente, ao Tribunal Superior:
IX – expedir as instruções que julgar convenientes à execução deste Código;"
"Art. 105. Até o dia 5 de março do ano da eleição, o Tribunal Superior Eleitoral expedirá todas as instruções necessárias à execução desta Lei, ouvidos previamente, em audiência pública, os Delegados dos partidos participantes do pleito".

nos ditames da lei.[183] Além disso, é justificada em vista das próprias especificidades da administração eleitoral, notadamente diante de suas limitações temporais, de modo que, surgidas situações de vagueza ou dubiedade haverá de incidir prontamente a atuação da Justiça Eleitoral para o fim de explicitar as regras aplicáveis, dada a impossibilidade de que se aguarde o processo legislativo ordinário.[184]

Estariam, assim, as normas editadas pelo TSE restritas à *regulamentação da lei*,[185] assumindo a feição de *atos normativos de caráter secundário*, distanciando-se de qualquer atividade inovadora e criativa, ordinariamente desenvolvida pelo Parlamento, *locus* próprio para o desempenho de tal mister, consoante a clássica tripartição de funções estatais.

O que se tem visto ao longo dos últimos anos, contudo, é que a Justiça Eleitoral tem exercido função normativa de forma cada vez mais incisiva, extrapolando manifestamente a mera atividade regulamentar, para, assim, transitar por campo próprio do Poder Legislativo, e, o que é pior, chegando muitas vezes a editar normas em manifesto conflito com a lei.[186]

Malgrado se reconheça que as resoluções do TSE têm força de lei, tal não significa que sejam concebidas como lei em sentido

---

[183] Cf. ROSAS, 1997, p. 156-157: "O Tribunal Superior Eleitoral é o órgão de cúpula da Justiça Eleitoral, a ele cabendo, em última instância, o exame das questões eleitorais. A legislação eleitoral, especialmente o Código Eleitoral, dá-lhe a importância necessária, sobretudo na interpretação das normas eleitorais, editando as instruções e resoluções necessárias ao entendimento da legislação eleitoral. A Corte Eleitoral não legisla, tão-só dá, em linguagem mais objetiva e direta, as orientações para os pleitos; sintetiza as normas legais, mesmo porque somente à União Federal cabe legislar sobre Direito Eleitoral (CF, art. 22, I)".

[184] Conferir a propósito ARAÚJO, Rosa Maria Felipe. *O princípio da separação de poderes e a competência normativa do Tribunal Superior Eleitoral*. Dissertação (Mestrado em Direito Constitucional) – Universidade de Fortaleza, Fortaleza, 2007. p. 74: "Esta necessidade regulamentar da Justiça Eleitoral se torna premente, tendo em vista que o processo eleitoral exige celeridade, que é operacionalizada através da normatização feita pelo Tribunal Superior Eleitoral, que sem dúvida será mais difícil de ser alcançada se dependesse de outro órgão de poder (legislativo) para sua concretização, tendo em vista que a Justiça Eleitoral é encarregada de presidir, organizar, enfim, promover as eleições, devendo proceder todos os atos necessários para cumprir sua finalidade".

[185] Conferir RIBEIRO, 1996, p. 138. Refere o autor à "competência para emissão de atos normativos, com força regulamentar".

[186] Cf. OLIVEIRA, 2008, p. 33: "As atualizações da legislação eleitoral, com efeito, são realizadas por intermédio de leis esparsas e da edição de resoluções por parte do TSE. Estas, aliás, se deveriam cingir a 'garantir a fiel execução da lei', todavia desbordam de tal limite para contemplar entendimentos que chegam em algumas ocasiões a contrariar frontalmente o Código Eleitoral". Os exemplos citados para ilustrar tal conflito são: a permissão de realização de "carreatas", caminhadas e passeatas até a véspera do dia da eleição, quando, a teor do art. 240, parágrafo único, do Código Eleitoral, nenhuma manifestação de propaganda através de reunião pública é admitida nas 48 horas anteriores ao pleito; e a Resolução nº 22.874 (01.07.2008), que permite que pré-candidatos e candidatos participem de entrevistas realizadas antes de 06 de julho do ano da eleição *com a exposição de plataformas e projetos políticos*, contrariando frontalmente o art. 36, da Lei nº 9.504/97, que fixa o marco inicial para a propaganda eleitoral.

formal. Anota Emmanuel Pinto que: "As resoluções do Tribunal Superior que veiculam instruções para a fiel execução das leis eleitorais não podem ser consideradas lei em sentido formal, porquanto não decorrem do processo legislativo previsto na Constituição Federal".[187]

Os limites para a competência normativa, com efeito, estão definidos em instrumento legal, somente podendo ser transpostos no caso de, identificado conflito entre a lei e a Constituição, seja a incompatibilidade resolvida em favor desta por ato normativo do TSE.

Cumpre recordar, a propósito, que a definição dos atos normativos do Tribunal como primários ou secundários assume especial relevo para fins de incidência do controle abstrato de constitucionalidade, que somente pode recair sobre aqueles, como assevera Clève, ao anotar que a fiscalização se restringe à "norma dotada do caráter de generalidade e abstração que, de modo direto, viole preceito ou princípio constitucional".[188] Nesta categoria, estariam incluídos os chamados regulamentos autônomos, quando invadem a esfera reservada à lei.

As normas do TSE extrapolam com regular frequência a função meramente regulamentar, reconhecendo-se a possibilidade de que sejam objeto de questionamento em sede de controle abstrato de constitucionalidade. Exemplo desse desvio pode ser identificado no ato que fixou o número de vereadores para as eleições municipais de 2004 (Resolução nº 21.702). Contestado junto ao Supremo Tribunal Federal, nos autos da ADIn nº 3.345/DF, Rel. Min. Celso de Mello, julg. 25.08.2005, entendeu a Corte que a norma impugnada, oriunda do TSE, revestia-se de "suficiente densidade normativa", apta a viabilizar a instauração do controle abstrato de constitucionalidade. Identificou a Corte Suprema no ato do TSE os atributos da "impessoalidade" e "generalidade abstrata", o que lhe conferia a natureza de "espécie normativa autônoma", possibilitando fosse objeto de ADIn.

A função normativa da Corte Eleitoral voltaria à baila no Supremo Tribunal Federal em 12 de novembro de 2008, por ocasião do julgamento da ADIn nº 3.999, Rel. Min. Joaquim Barbosa, ajuizada contra a Resolução nº 22.610/07, que estabeleceu o procedimento

---

[187] PINTO, 2008, p. 127. Anota, ainda, o autor que "As instruções normativas eleitorais expedidas pelo Tribunal Superior Eleitoral para fiel execução da lei eleitoral decorrem da sua função regulamentar e se constituem em atos normativos secundários derivados de sua atividade administrativa no processo eleitoral" (p. 129).

[188] CLÈVE, Clèmerson Merlin. *A fiscalização abstrata de constitucionalidade no direito brasileiro*. São Paulo: Revista dos Tribunais, 1995. p. 135.

para perda de cargo eletivo e justificação de desfiliação partidária, contestada, dentre outros fundamentos, em vista de haver o TSE usurpado competência da União, tendo legislado sobre Direito Processual. No ensejo, o relator assentou que o ato normativo atacado possuía "densidade normativa própria e suficiente", ao que se contrapôs o Min. Marco Aurélio Mello, indicando que a Corte, ao editar a Resolução atacada, teria apenas reproduzido o que já (se) continha nas leis aprovadas pelo Congresso Nacional. Não se trataria, a rigor, de ato normativo abstrato autônomo do Tribunal a desafiar o controle de constitucionalidade, daí ter-se posicionado pela inadmissibilidade da ADIn. O entendimento restou vencido, tendo a Corte, por maioria, conhecido e julgado improcedente a ação, mantendo íntegros os efeitos do ato do TSE.

Exemplo claro e recente do exercício de função legiferante de modo exagerado por parte do TSE pode ser encontrado na edição da Resolução nº 22.715/08, que, em seu art. 41, §3º, estabeleceu, ao arrepio de previsão legal, que "a decisão que desaprovar as contas de candidato implicará o impedimento de obter a certidão de quitação eleitoral durante o curso do mandato ao qual concorreu".[189] Ainda que o ato não tenha sido questionado em sede de controle abstrato, parece se revestir nitidamente de densidade normativa apta a desafiar contestação por meio de ação direta.

A hipertrofia da função normativa do TSE, desbordando dos limites da mera atuação regulamentar, usurpa atribuições do Poder Legislativo, desequilibrando o sistema de divisão das funções estatais. Aduz Marchetti que a "judicialização da competição político-partidária" possibilita "o avanço do Judiciário em atividades de governança eleitoral típicas do Legislativo, como a produção das regras do jogo competitivo (*rule making*)".[190]

É certo que todas as normas são editadas, segundo o Tribunal, no legítimo exercício da atividade de interpretação das leis eleitorais, não transpondo os limites da função regulamentar. Ao determinar, por exemplo, a verticalização das coligações, atualmente suprimida pela Emenda Constitucional nº 52/06, o TSE teria se limitado a interpretar a regra do art. 6º, da Lei nº 9.504/97, o que foi confirmado pelo Supremo Tribunal Federal quando do julgamento da ADIn nº 2.626/DF, Rel. Min. Ellen Gracie, julg. 18.04.2002.[191]

---

[189] Para um exame aprofundado do tema, conferir OLIVEIRA, Marcelo Roseno de. *Direito eleitoral*: reflexões sobre temas contemporâneos. Fortaleza: ABC, 2008. p. 247-261.

[190] MARCHETTI, 2008, p. 882.

[191] Acentuou a relatora que [...] "a Casa tem rechaçado as tentativas de submeter ao controle concentrado de constitucionalidade o controle de legalidade do poder regulamentar".

Não se nega que, ao editar atos normativos, possa o Tribunal estar imbuído dos melhores propósitos, inclusive consagrando valores caros aos olhos da opinião pública, como no caso da perda de mandato eletivo por infidelidade partidária (quando realizou parcialmente, a marteladas segundo alguns, a reforma política que há anos dormita no Congresso Nacional), todavia tal atuação dá azo a desequilíbrio e desarmonia entre os Poderes, retirando do Legislativo prerrogativa conferida pela Constituição, expressão maior da soberania popular. Oportuno, neste ponto, é recordar a advertência do Min. Marco Aurélio por ocasião do julgamento do RO nº 1.069/RJ, no TSE, quando se discutia a possibilidade de a Justiça Eleitoral barrar os candidatos de vida pregressa dita desabonadora: "Enquanto o Direito for ciência, o meio justifica o fim, mas não o contrário".

Assim, diante das diversas situações em que se tem reconhecido que a atividade legislativa da Corte Eleitoral transpõe limites, espera-se que o Supremo Tribunal Federal, no desempenho da função que lhe foi confiada pela Constituição, sane os vícios, atuando de modo a circunscrevê-la, conforme previsão legal, à esfera meramente regulamentar. Tal, porém, não tem ocorrido com frequência; ao contrário.[192]

3.2.3 A demora na resolução das controvérsias eleitorais

Em vista da celeridade que se reclama para a tramitação dos feitos eleitorais, o que decorre das próprias limitações cronológicas do processo eleitoral, tem o legislador imposto diversos prazos a serem observados pela Justiça Especializada quanto ao julgamento das demandas que lhe são afetas.[193]

---

[192] Anota MARCHETTI, 2008, p. 886, que [...] "por vezes, o TSE, na publicação das regras do jogo eleitoral, as altera interpretando o texto constitucional. Por outras vezes, o STF, na interpretação do texto constitucional decide alterando as regras do jogo eleitoral; e não há qualquer sinal de conflito interpretativo entre essas instituições. Ao contrário, *não há registro de nenhuma decisão do TSE que, ao ser levada ao STF, tenha sido reformada*. Na maior parte das vezes, o Supremo nem mesmo conhece do recurso por entender que a interpretação do TSE é a última palavra em matéria eleitoral. Quando o STF decide sobre um tema acerca do qual já recebeu interpretação do TSE, não há divergência entre suas decisões, elas acabam se reforçando".

[193] Sobre a celeridade como princípio do Direito Processual Eleitoral, conferir REIS, Márlon Jacinto. *Uso eleitoral da máquina administrativa e captação ilícita de sufrágio*. Rio de Janeiro: FGV, 2006. p. 92; cf. também GOMES, 2008, p. 45: "A importância desse preceito no Direito Eleitoral é evidente. Com efeito, os pedidos de registro de candidatura têm prazo certo para ser apreciados, as demandas decorrentes de propaganda eleitoral irregular e de direito de resposta devem ser resolvidas ainda antes do pleito, os mandatos público-eletivos igualmente têm duração limitada no tempo".

Em rápida digressão, recorda-se: (a) os arts. 8º e 22, XII, da Lei Complementar nº 64/90, ambos a fixar o prazo de três dias para a manifestação da autoridade judiciária, aplicáveis, respectivamente, em ações de impugnação de registro de candidatura (e também de mandato eletivo), e nas investigações judiciais eleitorais (assim como nas representações por captação ilícita de sufrágio); (b) o art. 96, §7º, da Lei nº 9.504/97, que fixa em vinte e quatro horas o prazo para que o juiz decida e faça publicar sua decisão nas representações por descumprimento da Lei das Eleições; (c) os §§2º e 6º, do art. 58, da Lei nº 9.504/97, que estabelecem prazos para a apreciação de pedidos de direito de resposta, aquele a determinar que a decisão seja prolatada no prazo máximo de setenta e duas horas da data da formulação do pedido; e (d) as resoluções do Tribunal Superior Eleitoral que divulgam o calendário eleitoral, assinalando prazos, por exemplo, para a apreciação dos processos de registro de candidatura.[194]

Há, portanto, prazos expressamente previstos na legislação e que exigem observância por parte dos órgãos da Justiça Eleitoral, de modo a resguardar a celeridade reclamada dos feitos eleitorais. Ainda que se admita haver forte tendência a que, passada a eleição, a observância de tais prazos seja mitigada, uma vez que afastada a prioridade para atuação de magistrados e membros do Ministério Público (art. 94, da Lei das Eleições), a mora para o julgamento não exclui a possibilidade de que se determine, inclusive, o desaforamento dos feitos, deslocando-se a competência para a apreciação das causas pendentes.

O certo é que, mesmo diante da celeridade que se deve imprimir aos feitos eleitorais, o que, como visto, é fruto de imposição legal, muitas ações eleitorais têm se arrastado por períodos demasiados, especialmente as que podem conduzir à cassação de mandatos, alcançando-se as soluções finais para as controvérsias, muitas vezes, quando prestes a se esvair o período de investidura do mandatário,[195] causando prejuízos não só para os diretamente

[194] Merece referência, neste tocante, a Resolução nº 23.089/09-TSE, que fixa o calendário eleitoral para as eleições de 2010, e que prevê o dia 25 de agosto de 2010, como a "data em que todos os pedidos de registro de candidatos a presidente e vice-presidente da República, mesmo os impugnados, devem estar julgados pelo Tribunal Superior Eleitoral e publicadas as respectivas decisões (Lei Complementar nº 64/90, art. 3º e seguintes)".

[195] A demora também é verificada no sistema alemão de qualificação das eleições, como anota NOHLEN, Dieter. La calificación electoral en Alemania Federal. *In*: *El contencioso y la jurisprudência electorales en derecho comparado*: un estudio sobre veintiún países de América y Europa. México: Tribunal Electoral del Poder Judicial de la Federación, 2006. p. 3-18, p. 12: "Sin embargo, dado que no existe límite temporal para el proceso de calificación electoral, la resolución puede demorar mucho, incluso más allá de un año. En efecto, el tratamiento de los reclamos electorales es muy dilatorio. Esta práctica se

envolvidos na disputa, mas também e principalmente para a população e para os organismos eleitorais, como anota Carmen Gloria Valladares Moyano:

> En este contexto, resulta de vital importancia que los conflictos electorales sean objeto de una resolución rápida, oportuna y eficaz de parte de los órganos encargados, de manera de evitar que la tardanza que eventualmente genere la decisión de estos conflictos, y la consecuente demora en el proceso de entrega de los resultados finales, cause incertidumbre en la población y se ponga en entredicho la actuación de los organismos electorales administrativos o jurisdiccionales.[196]

Observa-se que, ao contrário de outros ordenamentos, nos quais se firma a impossibilidade de que o candidato tome posse enquanto sua eleição estiver sendo contestada,[197] no Brasil não se condiciona a posse à solução das controvérsias eleitorais. É certo que se estabeleceu um prazo-limite para o julgamento de impugnações,[198] todavia ainda é difícil vislumbrar como tal se operará no cotidiano dos órgãos da Justiça Eleitoral.

As razões da demora são muitas, figurando dentre elas o propósito protelatório dos que são acusados da prática de ilícitos. Valendo-se das filigranas jurídicas, tentam a todo custo retardar o julgamento das ações, permanecendo no exercício dos cargos.

Vê-se, contudo, que, mesmo na ausência de alterações legislativas, algumas medidas poderiam ser adotadas pela Justiça

---

encuentra en clara contradicción con el argumento que acompaña comúnmente su desatención final que dice: evidentemente no justificado. Si el reclamo sería evidentemente no justificado, se debería llegar a tal conclusión en un tiempo mucho más corto".

[196] VALLADARES MOYANO, Carmen Gloria. Resultados electorales ajustados:un desafío para las democracias electorales de América Latina: lecciones aprendidas desde la perspectiva de la organización electoral: el caso chileno. *Cuadernos de CAPEL*, San José, Costa Rica, v. 52, p. 30, 2008.

[197] Conferir SCOTTI, Guilherme. Sobre a possibilidade de candidatos tomarem posse no curso de pendências judiciais quanto ao resultado da eleição no sistema jurídico dos Estados Unidos da América. *In*: *Direito processual eleitoral*: análise e perspectivas. Brasília: Ed. UnB; ABRAMPPE, 2009. No prelo.

[198] Trata-se do art. 97-A, da Lei nº 9.504/97, com redação dada pela Lei nº 12.034/09: "Art. 97-A. Nos termos do inciso LXXVIII do art. 5º da Constituição Federal, considera-se duração razoável do processo que possa resultar em perda de mandato eletivo o período máximo de 1 (um) ano, contado da sua apresentação à Justiça Eleitoral.
§1º A duração do processo de que trata o *caput* abrange a tramitação em todas as instâncias da Justiça Eleitoral.
§2º Vencido o prazo de que trata o *caput*, será aplicável o disposto no art. 97, sem prejuízo de representação ao Conselho Nacional de Justiça".

Eleitoral para o fim de garantir a celeridade dos julgamentos e a razoável duração dos processos.[199]

O primeiro ponto que merece ser revisto repousa sobre o comportamento recorrente dos tribunais eleitorais quanto ao deferimento de medidas cautelares que conferem efeito suspensivo aos recursos interpostos contra decisões que sancionam candidatos apanhados pela prática de infrações, postergando a execução imediata dos julgados.

Surge a ideia de que, resguardado por provimento que assegure a manutenção no cargo até o julgamento definitivo de recurso (ainda que diante de decisão judicial que cassou o mandato), o candidato-litigante de tudo lançará mão para procrastinar o andamento do processo.

Além disso, o fracionamento dos tribunais em câmaras poderia ser medida salutar, evitando que todas as decisões tivessem que ser tomadas por composição plenária.[200] Ademais, a convocação de magistrados que atuassem especificamente em períodos de maior acúmulo de demandas poderia representar fator de inegável incremento para julgamentos mais céleres.

---

[199] Conferir a propósito PINHEIRO, Maria Claudia Bucchianeri. As ações eleitorais, o momento de seu julgamento, e as conseqüências jurídicas de sentença condenatória (um estudo de caso do RO/TSE 1362). *In*: *Direito processual eleitoral*: análise e perspectivas. Brasília: Ed. UnB; ABRAMPPE, 2009. No prelo: [...] "as cláusulas constitucionais que garantem processos de razoável duração, com célere tramitação e resultado efetivo devem sofrer uma necessária calibragem, ao serem aplicadas ao contexto específico do processo eleitoral. E essa adaptação das exigências constitucionais de celeridade e efetividade às peculiaridades inerentes ao processo eleitoral traz como inafastável conseqüência a conclusão de que, na Justiça Eleitoral, um processo somente terá razoável duração, tramitará de maneira célere e produzirá resultado efetivo, se seu desfecho final se der antes do término do mandato que foi impugnado ou que derivou de eleições supostamente viciadas. É que não se pode cogitar da existência de decisões concretamente efetivas no contexto eleitoral se aquele que se valeu de abusos, fraudes, corrupção ou qualquer outro meio indevido, para fins de ilegítima conquista do poder, puder concluir o exercício de um mandato para o qual se elegeu de maneira indigna e subalterna. Ou seja: '*razoável duração*' processual, em matéria eleitoral, deve necessariamente corresponder a um processo cujo desfecho se dê ainda em tempo de a parte vencedora, se for o caso, vir a exercer um dado mandato, e para que a parte derrotada, também se for o caso, possa ser afastada do exercício do poder ilegitimamente conquistado. Assim, compete à Justiça Eleitoral, em seus julgamentos, em suas análises sobre o conjunto das leis eleitorais, em suas discussões sobre as diferentes ações eleitorais voltadas à proteção da normalidade e legitimidade das eleições, da liberdade de voto e da paridade de condições entre candidatos, adotar parâmetros interpretativos que conciliem, a um só tempo, as garantias constitucionais do contraditório e da ampla defesa (necessárias à própria legitimação da atuação estatal) com a imperiosidade de se imprimir aos feitos uma tramitação que viabilize a conclusão dos respectivos julgamentos antes do decurso de 4 anos (ou 8 anos, se se tratar de impugnação dirigida a Senador da República). Com o que restará cumprido o mandamento constitucional inscrito no inciso LXXVIII do art. 5º, que, no âmbito eleitoral, está a demandar a solução de litígios dentro do período do mandato a que eles se referem".

[200] A medida é defendida em PIMENTA, José Carlos. *Processo eleitoral e controle jurisdicional*. Belo Horizonte: Mandamentos, 2002. p. 73: "A divisão dos Tribunais Eleitorais em duas Turmas, de preferência, com três juízes em cada uma delas, contribuiria, sobremaneira, para a aceleração dos julgamentos de sua competência. Ao Tribunal Pleno, com os sete juízes, sob a direção do Presidente, ficariam reservadas as matérias mais relevantes, conforme o disposto em lei e nos respectivos regimentos internos".

Conclusão

Ao cabo deste livro, é possível inferir que os sistemas de controle das eleições assumem papel fundamental nas democracias modernas, nas quais prepondera o componente representativo, viabilizado pela realização de eleições periódicas.

Nesse contexto, além da *administração* dos pleitos, há importante tarefa do Direito Eleitoral no sentido de assegurar a *verificação da regularidade* das consultas, atuando para garantir que a vontade livre e soberana do eleitor seja respeitada, transformando-se em mandatos.

Ao controle das eleições corresponde a tarefa desenvolvida pelos organismos eleitorais para verificar a regularidade das consultas (inclusive mediante aferição da liberdade e independência da soberana manifestação da vontade do eleitor), validar os resultados, proclamando, em *caráter definitivo*, os eleitos, ou seja, atribuindo eficácia ao pleito, sob o propósito maior de assegurar a observância dos valores constitucionais do Estado Democrático, para o que haverá o órgão responsável de atuar de ofício ou mediante provocação, apreciando as impugnações eventualmente ofertadas.

Ainda que detentor de uma vertente contenciosa, caracterizada pela existência de mecanismos fiscalizadores e protetivos da apuração da verdade eleitoral (e que pressupõem litígio surgido em virtude do pleito), o *controle das eleições* não pode ser confundido com o contencioso eleitoral. Este, é certo, ocupará papel de inegável relevo naquele, entretanto não o esgotará.

Os sistemas de controle das eleições podem ser classificados, com arrimo na natureza do órgão incumbido de verificar a regularidade dos atos e procedimentos eleitorais, em quatro: *político, jurisdicional, administrativo* e *misto*. A adoção das diversas formulações, em regra, tem foro constitucional, daí ser possível afirmar que cada nação há contemplado um *modelo constitucional de controle das eleições ou de apuração da verdade eleitoral.*

O sistema político, também denominado de sistema de verificação dos poderes, tradicional ou clássico, notabiliza-se por cometer a uma assembleia política, ou parte dela, o mister de verificar a regularidade das eleições de seus membros, equivalendo a uma autoqualificação.

Já no sistema jurisdicional, o controle é atribuído a um juiz ou tribunal, que atua como terceiro, decidindo, mediante critérios normativos, de maneira imperativa e imparcial. Encontra algumas variações, como os modelos de jurisdição ordinária; jurisdição especializada, como ocorre no Brasil; e jurisdição constitucional.

No sistema administrativo, o controle das eleições é confiado a órgãos eleitorais executivos, encarregados da direção, organização, administração e vigilância dos procedimentos eleitorais. Os próprios órgãos aos quais compete a administração eleitoral ou seu superior hierárquico, de natureza estritamente administrativa, são os responsáveis pelo controle do processo eleitoral.

O sistema misto combina sucessivamente impugnações perante órgãos administrativos, jurisdicionais ou políticos. Não se cogita, nesse caso, na variedade de vínculos institucionais dos componentes dos organismos eleitorais.

O atual modelo constitucional brasileiro de controle das eleições é identificado como de *jurisdição especializada*, confiando a verificação da regularidade dos pleitos e o contencioso eleitoral a um *ramo específico do Poder Judiciário*, tendo seguido o País, com razoável antecedência, o pendor atualmente verificado nas diversas nações democráticas de suprimir controles exclusivamente políticos, dada a possibilidade de manipulação de procedimentos, com potencial prejuízo para os valores democráticos.

A Constituição Federal de 1988, seguindo a tradição das cartas anteriores, dispõe sobre os tribunais e juízes eleitorais como órgãos do Poder Judiciário (art. 92, V), estabelecendo um modelo jurisdicional de solução das controvérsias eleitorais, a ser desempenhado pelo Tribunal Superior Eleitoral, tribunais regionais eleitorais, juízes e juntas eleitorais (CF, art. 118), sem excluir, em caso de alegada afronta à Constituição, a possibilidade de atuação do Supremo Tribunal Federal.

O modelo jurisdicional é adotado no Brasil desde 1932, quando da edição do Código Eleitoral, em substituição ao sistema de verificação de poderes, a cargo do Congresso.

À exceção da Carta de 1937, todas as constituições brasileiras editadas após o Código de 1932 contemplaram a Justiça Eleitoral, incluindo-a nos ramos do Poder Judiciário, não deixando dúvidas sobre se haver contemplado na história recente do constitucionalismo nacional o sistema jurisdicional de controle das eleições.

A análise das diversas cartas constitucionais revela, contudo, que as mudanças ao longo de mais de sete décadas de existência da

Justiça Eleitoral foram mínimas, ao menos quanto à sua estrutura e forma de recrutamento de magistrados, percebendo-se que vigoram, ainda hoje, postulados que se firmaram quando da criação do Poder Judiciário Eleitoral, dentre os quais: a ausência de magistratura de carreira e a temporariedade da investidura dos juízes.

Além disso, a premência desses e de outros postulados que animaram a criação da Justiça Eleitoral serve para uma atuação ainda tímida de juízes e tribunais eleitorais diante dos novos desafios que se lhes apresentam, notadamente quando muito se avançou no sentido de garantir a lisura dos pleitos sob o ponto de vista formal (imperando a certeza de que o voto dado é contabilizado e será transformado em mandatos), mas não ainda sob o aspecto de assegurar a liberdade do eleitor.

A primeira característica digna de nota quanto à Justiça Eleitoral no Brasil é que, desde a sua criação, ela assume todas as atribuições relativas ao processo eleitoral, seja quanto à administração da eleição (elaboração do cadastro de eleitores, preparação de mesas receptoras, controle da propaganda eleitoral, votação, apuração etc.), seja quanto à tarefa de qualificar os pleitos, a abranger o contencioso eleitoral.

Também desde a origem, segue o mesmo modelo de recrutamento de seus membros. Repeliu-se a ideia de uma magistratura de carreira, confiando-se o exercício das funções a membros de outros tribunais e advogados, que são "emprestados" para o desempenho das tarefas por períodos determinados (mandatos).

A ausência de uma magistratura de carreira e a temporariedade da investidura importam, contudo, no fato de que alguns juízes recrutados para o desempenho das funções eleitorais não despertem (ou o façam muito tarde) para a realidade de que a Justiça Eleitoral tem traços peculiares; suas atribuições administrativas são preponderantes e, no desempenho delas, deve-se romper o dogma da inércia da jurisdição.

O rodízio permanente de magistrados contribui, ainda, para que os julgados do TSE assumam nítida autoridade persuasiva (*persuasive authority*), desencorajando comportamento mais ousado dos Regionais e dos juízes e juntas eleitorais no sentido de formular interpretações a par das já realizadas pela Corte Superior. O Direito Eleitoral está preponderantemente afeto a ramo especializado da jurisdição, sendo orientado por princípios próprios, todavia, diante da movimentação constante dos que são recrutados para o exercício da judicatura (de quem não se exige afinidade com a matéria), verifica-se natural acomodação dos operadores quanto a acatar, sem maiores questionamentos, os precedentes do TSE, que, assim, findam por assumir força quase vinculante.

Observa a Justiça Eleitoral estrutura piramidal e hierárquica, posicionando-se no ápice o Tribunal Superior Eleitoral, órgão de cúpula, a quem cabe uniformizar a interpretação da lei eleitoral, apreciando recursos contra decisões dos respectivos tribunais regionais, que sucedem a instância máxima, formando outro grau de jurisdição, competindo-lhes, dentre outras atribuições, julgar recursos contra atos e decisões dos juízes e juntas eleitorais, que formam os órgãos da Justiça Eleitoral em primeiro grau.

A alusão à estruturação hierárquica deve ser entendida apenas sob o ponto de vista administrativo, não abrangendo aspectos relacionados à atividade judicante, ainda que a Justiça Eleitoral esteja *estruturada em três graus de jurisdição.*

A jurisdição eleitoral é exercida mediante divisão territorial própria, que não se confunde com a divisão geopolítica, ou mesmo com o critério seguido pela organização judiciária dos Estados.

Já quanto à delimitação de sua competência, vê-se que as regras hoje vigentes foram fixadas sob a égide da ordem constitucional decaída, e embora haja o TSE proclamado a ausência de incompatibilidade substancial entre elas e a Constituição Federal, verifica-se inegável conflito entre algumas das disposições do Código Eleitoral e a Lei Maior.

A ausência de regramento específico atual sobre a competência da Justiça Eleitoral cria, na prática, dificuldades para o estabelecimento de limites para a atuação jurisdicional dos tribunais e juízes eleitorais, admitindo, diante de mudanças recentes na orientação da jurisprudência do TSE, seja estabelecido um espectro bastante maleável de atribuições com base nos critérios fixados pela própria Corte.

O exame da evolução histórica da Justiça Eleitoral brasileira revela que, embora mantendo praticamente o mesmo esboço estrutural desde quando foi criada, há mais de sete décadas, a denotar, em princípio, um apego ao tradicionalismo, a Justiça Eleitoral, no que concerne ao aperfeiçoamento dos sistemas de votação e apuração, logrou acompanhar os avanços tecnológicos, empregando recursos que contribuíram sobremaneira para moralizar os escrutínios.

Ademais, a experiência de delegar a um ramo especializado do Poder Judiciário o encargo de qualificar as eleições, incluindo o julgamento das controvérsias eleitorais, representa uma virtude do modelo brasileiro, servindo para dotar de confiabilidade o sistema de controle dos pleitos, porquanto orientado por critérios tipicamente normativos e jurisdicionais, possibilitando que os conflitos sejam dirimidos, com força imperativa, por terceiro, imparcial, sob as garantias constitucionais dirigidas aos litigantes em geral.

Ainda que não se negue que a atuação da Justiça Eleitoral quanto à cassação de mandatos assoma, à primeira vista, como contrária à soberania popular, notadamente quando se determina, na hipótese de disputa para cargos do Poder Executivo, a posse do segundo colocado e não a renovação do pleito, tal comportamento somente reforça o sistema de combate aos abusos praticados ao longo das campanhas eleitorais, assumindo papel decisivo na verificação da *legitimidade* das consultas.

É possível inferir, ainda, que, mesmo tendo a Justiça Eleitoral avançado significativamente quanto à otimização da tarefa de administrar os pleitos, ainda se convive no Brasil com a ideia corrente de que as eleições são corrompidas, tamanha a influência do abuso de poder na fase de captação de votos.

O uso e, principalmente, o abuso dos poderes político e econômico assumem papel de inegável influência no contexto das campanhas eleitorais, notadamente em virtude da fragilidade dos instrumentos normativos a serem manejados pelos que têm a missão de "evitar os atos viciosos das eleições".

A pesquisa revelou que fatores evidenciados quando da criação da Justiça Eleitoral marcaram o comportamento da Instituição ao longo do processo histórico, especialmente no que concerne à atuação tímida de magistrados eleitorais quanto ao acompanhamento do desenrolar das campanhas. Presos aos dogmas que regem a atividade jurisdicional (notadamente a inércia), e descurando-se das peculiaridades que gravam a atuação dos organismos responsáveis pela administração das eleições (como o poder de polícia), privilegiam o controle das eleições quanto a aspectos formais, relacionados à correção dos resultados, o que representa inegavelmente um vício do modelo nacional.

Além dele, a pesquisa identificou duas graves distorções do sistema jurisdicional brasileiro: os excessos no desempenho da função normativa do Tribunal Superior Eleitoral e a demora para a resolução de controvérsias eleitorais.

Referências

ALENCAR, José de. *O systema representativo*. Rio de Janeiro: Garnier, 1868. Ed. fac-sim. Brasília: Senado Federal, 1996.

ARAGÓN, Manuel. Derecho de sufrágio: principio y función. *In*: NOHLEN, Dieter *et al.* (Comp.). *Tratado de derecho electoral comparado de América Latina.* 2. ed. México: FCE, Instituto Interamericano de Derechos Humanos, Universidad de Heidelberg, International IDEA, Tribunal Electoral del Poder Judicial de la Federación, Instituto Federal Electoral, 2007.

ARAÚJO, Rosa Maria Felipe. *O princípio da separação de poderes e a competência normativa do Tribunal Superior Eleitoral.* Dissertação (Mestrado em Direito Constitucional) – Universidade de Fortaleza, Fortaleza, 2007.

BAQUERO, Marcello. Democracia, cultura e comportamento político: uma análise da situação brasileira. *In*: PERISSINOTTO, Renato Monseff; FUKS, Mario (Org.). *Democracia*: teoria e prática. Rio de Janeiro: Relume Dumará, 2002.

BARROSO, Luís Roberto. *Interpretação e aplicação da Constituição.* 3. ed. São Paulo: Saraiva, 1999.

BENEVIDES, Maria Victoria de Mesquita. *A cidadania ativa*: referendo, plebiscito e iniciativa popular. 3. ed. São Paulo: Ática, 1998.

BERCOVICI, Gilberto. O Estado de exceção econômico e a periferia do capitalismo. *Pensar*: Revista de Ciência Jurídica, Fortaleza, v. 11, p. 95-99, fev. 2006.

BINENBOJM, Gustavo. *A nova jurisdição constitucional brasileira*: legitimidade democrática e instrumentos de realização. 2. ed. Rio de Janeiro: Renovar, 2004.

BONAVIDES, Paulo. *Teoria constitucional da democracia participativa.* 2. ed. São Paulo: Malheiros, 2003.

BRASIL, Joaquim Francisco de Assis. Democracia representativa: do voto e do modo de votar. 5. ed. *In*: BROSSARD, Paulo (Org.). *Idéias políticas de Assis Brasil.* Brasília: Senado Federal, 1989. v. 2/3, p. 18-200, p. 275-284.

BRASIL. Conselho Nacional de Justiça. Pedido de Providências nº 200710000012878, Rel. Cons. Joaquim Falcão julg. 17.12.2008.

BRASIL. Conselho Nacional de Justiça. Pedido de Providências nº 200710000014851, Rel. Cons. Técio Lins e Silva, julg. 25.03.2008.

BRASIL. Superior Tribunal de Justiça. 1ª Seção, CC nº 56.932/PB, Rel. Min. Luiz Fux, julg. 09.04.2008.

BRASIL. Superior Tribunal de Justiça. 1ª Seção, CC nº 77.503/MS, Rel. Min. José Delgado, julg. 28.11.2007.

BRASIL. Superior Tribunal de Justiça. 3ª Seção, CC nº 37.589/SC, Rel. Min. Félix Fischer, julg. 26.03.2003.

BRASIL. Superior Tribunal de Justiça. 3ª Seção, CC nº 38.430/BA, Rel. Min. Félix Fischer, julg. 11.06.2003.

BRASIL. Superior Tribunal de Justiça. 3ª Seção, CC nº 45.552/RO, Rel. Min. Arnaldo Esteves Lima, julg. 08.11.2006.

BRASIL. Superior Tribunal de Justiça. 3ª Seção, CC nº 79.872/BA, Rel. Min. Arnaldo Esteves Lima, julg. 26.09.2007.

BRASIL. Supremo Tribunal Federal. ADIn nº 1.127-8/DF, Rel. Min. Marco Aurélio, julg. 17.05.2006.

BRASIL. Supremo Tribunal Federal. ADIn nº 2.626/DF, Rel. Min. Ellen Gracie, julg. 18.04.2002.

BRASIL. Supremo Tribunal Federal. ADIn nº 3.345/DF, Rel. Min. Celso de Mello, julg. 25.08.2005.

BRASIL. Supremo Tribunal Federal. ADIn nº 3.999/DF, Rel. Min. Joaquim Barbosa, julg. 12.11.2008.

BRASIL. Supremo Tribunal Federal. ADPF nº 155/PB, Rel. Min. Ricardo Lewandowski.

BRASIL. Tribunal Superior Eleitoral. Centro de Divulgação da Justiça Eleitoral. *Pesquisa mostra que a justiça eleitoral é a instituição mais confiável para 73% dos entrevistados*. Disponível em: <www.tse.gov.br>. Acesso em: 08 ago. 2009.

BRASIL. Tribunal Superior Eleitoral. Consulta nº 1.398/DF, Rel. Min. Cesar Rocha, 27.03.2007.

BRASIL. Tribunal Superior Eleitoral. ERespE nº 12.682, Rel. Min. Marco Aurélio, julg. 21.03.1996.

BRASIL. Tribunal Superior Eleitoral. MC nº 14.150/DF, Rel. Min. Torquato Jardim, julg. 23.08.1994.

BRASIL. Tribunal Superior Eleitoral. MS nº 1.501/RJ, Rel. Min. Sepúlveda Pertence, julg. 06.02.1992.

BRASIL. Tribunal Superior Eleitoral. Questão de Ordem na Petição nº 3.020, Rel. Min. Aldir Passarinho Júnior, julg. 08.06.2010.

BRASIL. Tribunal Superior Eleitoral. RCD nº 671/MA, Rel. Min. Carlos Britto, julg. 03.03.2009.

BRASIL. Tribunal Superior Eleitoral. Recurso Ordinário nº 1.069/RJ, Rel. Min. Marcelo Ribeiro, julg. 20.09.2006.

BRASIL. Tribunal Superior Eleitoral. Recurso Ordinário nº 2.335/AL, Rel. Min. Fernando Gonçalves, julg. 08.04.2010.

BRASIL. Tribunal Superior Eleitoral. Recurso Ordinário nº 656/PE, Rel. Min. Ellen Gracie, julg. 16.09.2003.

BRASIL. Tribunal Superior Eleitoral. Resolução nº 21.009, Rel. Min. Sálvio de Figueiredo Teixeira, julg. 05.03.2002.

BRASIL. Tribunal Superior Eleitoral. REspE nº 12.641/TO, Rel. Min. Costa Leite, julg. 29.02.1996.

BRASIL. Tribunal Superior Eleitoral. REspE nº 9.936/RJ, Rel. Min. Sepúlveda Pertence, julg. 14.09.1992.

BUENO, Eduardo. *Brasil*: uma história. São Paulo: Ática, 2004.

CAGGIANO, Mônica Herman Salem. *Direito parlamentar e direito eleitoral*. Barueri, SP: Manole, 2004.

CÂNDIDO, Joel J. *Direito eleitoral brasileiro*. 8. ed. São Paulo: Edipro, 2000.

CARVALHO NETTO, Menelick de. Racionalização do ordenamento jurídico e democracia. *Revista Brasileira de Estudos Políticos*, Belo Horizonte, n. 88, p. 81-108, dez. 2003.

CARVALHO, José Murilo de. *Cidadania no Brasil*: o longo caminho. 9. ed. Rio de Janeiro: Civilização Brasileira, 2007.

CASTRO, Edson de Resende. *Teoria e prática do direito eleitoral*. 4. ed. Belo Horizonte: Mandamentos, 2008.

CERQUEIRA, Thales Tácito P. L. de P. *Direito eleitoral brasileiro*. 3. ed. Belo Horizonte: Del Rey, 2004.

CLÈVE, Clèmerson Merlin. *A fiscalização abstrata de constitucionalidade no direito brasileiro*. São Paulo: Revista dos Tribunais, 1995.

CONEGLIAN, Olivar. A justiça eleitoral: o poder executivo das eleições, uma justiça diferente. *In*: TEIXEIRA, Sálvio de Figueiredo (Coord.). *Direito eleitoral contemporâneo*: doutrina e jurisprudência. Belo Horizonte: Del Rey, 2003.

COSTA, Adriano Soares da. *Democracia, judicialização das eleições e terceiro turno*. Disponível em: <http://www.adrianosoaresdacosta.blogspot.com>. Acesso em: 05 mar. 2009.

COSTA, Adriano Soares da. *Instituições de direito eleitoral*. 7. ed. Rio de Janeiro: Lumen Juris, 2008.

COSTA, Antonio Tito. *Recursos em matéria eleitoral*. 8. ed. São Paulo: Revista dos Tribunais, 2004.

COSTA, Hyldon Masters Cavalcante. A imparcialidade do juiz eleitoral em processo judicial para a apuração de fatos perante os quais exerceu seu poder de polícia. *Suffragium*: Revista do Tribunal Regional Eleitoral do Ceará, Fortaleza, v. 4, n. 6, p. 16-41, jan./jun. 2008.

DAHL, Robert A. *Sobre a democracia*. Brasília: Ed. UnB, 2001.

DUVERGER, Maurice. *Os regimes políticos*. Tradução de Geraldo Gerson de Souza. 2. ed. São Paulo: Difusão Européia do Livro, 1966.

EISENSTADT, Todd. Intrusos en la recámara de Lincoln: cómo la pobreza de las disposiciones del derecho electoral de los Estados Unidos de América acerca del gasto en campañas contrarresta los arraigados parámetros del derecho al voto. *In*: OROZCO HENRÍQUEZ, J. Jesús (Coord.). *Sistemas de justicia electoral*: evaluación y perspectivas. México: IFE, PNUD, UNAM, IIJ, IFES, IDEA International, TEPJF, 2001.

ELY, John Hart. *Democracia e desconfiança*: uma teoria do controle judicial de constitucionalidade. Tradução de Juliana Lemos. São Paulo: Martins Fontes, 2010.

FAUSTO, Boris. *História concisa do Brasil*. 2. ed. São Paulo: EDUSP, 2008.

FERREIRA, Pinto. *Código Eleitoral comentado*. 5. ed. São Paulo: Saraiva, 1998.

FERREIRA, Pinto. *Princípios gerais do direito constitucional moderno*. 5. ed. São Paulo: Revista dos Tribunais, 1971. t. I.

FIX-ZAMUDIO, Héctor. Justicia constitucional y judicialización de la política. *In*: OROZCO HENRÍQUEZ, J. Jesús (Coord.). *Sistemas de justicia electoral*: evaluación y perspectivas. México: IFE, PNUD, UNAM, IIJ, IFES, IDEA International, TEPJF, 2001.

GENRO, Tarso. Crise democrática e democracia direta. *In*: ROSENFIELD, Denis L. (Ed.). *Democracia e política*. Rio de Janeiro: Jorge Zahar, 2003.

GOMES, José Jairo. *Direito eleitoral*. Belo Horizonte: Del Rey, 2008.

GOMES, Suzana de Camargo. *Crimes eleitorais*. São Paulo: Revista dos Tribunais, 2000.

GONZÁLEZ OROPEZA, Manuel. Estados Unidos de América: descripción de su justicia electoral. *In*: *El contencioso y la jurisprudência electorales en derecho comparado*: un estudio sobre veintiún países de América y Europa. México: Tribunal Electoral del Poder Judicial de la Federación, 2006.

GUERZONI FILHO, Gilberto. A justiça eleitoral no Brasil: a desconfiança como elemento fundamental de nosso sistema eleitoral. *Revista de Informação Legislativa*, Brasília, ano 41, n. 161, p. 39-45, jan. 2004.

GUIMARÃES, Fábio Luís. Direito eleitoral na jurisprudência vinculante: notas à Emenda Constitucional nº 45/2004. *Fórum Administrativo – Direito Público*, Belo Horizonte, ano 6, n. 67, p. 7846-7850, set. 2006.

HESSE, Konrad. *Elementos de direito constitucional da República Federal da Alemanha = Grundzüge des Verfassungsrechts der Bundesrepublick Deutschland*. Tradução de Luís Afonso Heck. Porto Alegre: Sergio Antonio Fabris, 1998.

HOBSBAWN, Eric. *Globalização, democracia e terrorismo*. São Paulo: Companhia das Letras, 2007.

JARAMILLO, Juan. Los órganos electorales supremos. *In*: NOHLEN, Dieter *et al.* (Comp.). *Tratado de derecho electoral comparado de América Latina*. 2. ed. México: FCE, Instituto Interamericano de Derechos Humanos, Universidad de Heidelberg, International IDEA, Tribunal Electoral del Poder Judicial de la Federación, Instituto Federal Electoral, 2007.

JARDIM, Torquato. *Direito eleitoral positivo*. 2. ed. Brasília: Brasília Jurídica, 1998.

JUNKES, Sérgio Luiz. A mediação no âmbito da justiça eleitoral. *Resenha Eleitoral*, Florianópolis, v. 11, n. 2, p. 22-27, jul./dez. 2004.

KELSEN, Hans. *Jurisdição constitucional*. Tradução de Alexandre Krug. 2. ed. São Paulo: Martins Fontes, 2007.

LARA SÁENZ, Leoncio. Estudio de derecho comparado sobre lo contencioso y la jurisprudencia electoral Italia. *In*: *El contencioso y la jurisprudência electorales em derecho comparado*: un estudio sobre veintiún países de América y Europa. México: Tribunal Electoral del Poder Judicial de la Federación, 2006.

LEAL, Victor Nunes. *Coronelismo, enxada e voto*: o município e o regime representativo no Brasil. 4. ed. São Paulo: Alfa-Omega, 1978.

LIMA, Martônio Mont'Alverne Barreto. Institucionalização e financiamento de campanha. *In*: *Curso reforma política*: novos caminhos para a governabilidade. Fortaleza: Fundação Demócrito Rocha, 2006. v. 11.

LIMA, Martônio Mont'Alverne Barreto. O papel da justiça eleitoral na consolidação da democracia: eleições no Ceará: 1994-96. *Pensar*: Revista de Ciência Jurídica, v. 6, n. 6, p. 117-144, fev. 2001.

LIMA, Rogério Medeiros Garcia de. Aprimoramento do processo eleitoral. *In*: *Direito processual eleitoral*: análise e perspectivas. Brasília: Ed. UnB; ABRAMPPE, 2009. No prelo.

MARCHETTI, Vitor. Governança eleitoral: o modelo brasileiro de justiça eleitoral. *Dados*: Revista de Ciências Sociais, Rio de Janeiro, v. 51, n. 4, p. 865-893, 2008.

MEIRELLES, Domingos. *1930*: os órfãos da Revolução. 2. ed. Rio de Janeiro: Record, 2006.

MELLO, Patrícia Perrone Campos. *Precedentes*: o desenvolvimento judicial do direito no constitucionalismo contemporâneo. Rio de Janeiro: Renovar, 2008.

MIRANDA, Jorge. *Direito constitucional III*: direito eleitoral e direito parlamentar. Lisboa: Associação Académica da Faculdade de Direito de Lisboa, 2003.

MIRANDA, Jorge. Povo, democracia, participação política. *Revista Latino-Americana de Estudos Constitucionais*, Fortaleza, n. 8, p. 17-49, 2008.

MORAES, Filomeno. A Constituição da República Federativa do Brasil. *In*: *Curso reforma política*: novos caminhos para a governabilidade. Fortaleza: Fundação Demócrito Rocha, 2006. v. 1.

MORAES, Filomeno. A Constituição do Brasil de 1988 e a reforma política. *In*: ROCHA, Fernando Luiz Ximenes; MORAES, Filomeno (Coord.). *Direito constitucional contemporâneo*: estudos em homenagem ao Professor Paulo Bonavides. Belo Horizonte: Del Rey, 2005.

MORAES, Filomeno. Reforma e pluralismo políticos. *In*: BARBOSA, Edmilson. *Democracia e Constituição*: estudos em homenagem ao Professor Dimas Macedo. Fortaleza: Edições UFC, 2008.

MORAES, Filomeno; LIMA, Martônio Mont'Alverne Barreto. Partidos políticos y elecciones: la justicia electoral en la construcción de la democracia brasileña. *In*: EMMERICH, Gustavo Ernesto (Coord.). *Ellos y nosotros*: democracia y representación en el mundo actual. México: Demos, 2006.

NALINI, Renato. A insurreição ética do juiz brasileiro. *Revista dos Tribunais*, São Paulo, ano 84, v. 721, p. 349-358, nov. 1995.

NICOLAU, Jairo Marconi. *História do voto no Brasil*. Rio de Janeiro: Jorge Zahar, 2002.

NOHLEN, Dieter. La calificación electoral en Alemania Federal. *In*: *El contencioso y la jurisprudência electorales en derecho comparado*: un estudio sobre veintiún países de América y Europa. México: Tribunal Electoral del Poder Judicial de la Federación, 2006.

NOHLEN, Dieter; SABSAY, Daniel. Derecho electoral. *In*: NOHLEN, Dieter *et al.* (Comp.). *Tratado de derecho electoral comparado de América Latina*. 2. ed. México: FCE, Instituto Interamericano de Derechos Humanos, Universidad de Heidelberg, International IDEA, Tribunal Electoral del Poder Judicial de la Federación, Instituto Federal Electoral, 2007.

O'DONNELL, Guillermo. Poliarquias e a (in)efetividade da lei na América Latina: uma conclusão parcial. *In*: MÉNDEZ, Juan E.; O'DONNELL, Guillermo; PINHEIRO, Paulo Sérgio (Org.). *Democracia, violência e injustiça*: o não-Estado de direito na América Latina. São Paulo: Paz e Terra, 2000.

OLIVEIRA, Marcelo Roseno de. A previsibilidade das decisões judiciais como condição para o desenvolvimento econômico no Estado Neo-Liberal brasileiro. *In*: POMPEU, Gina Vidal Marcílio. *Estado, Constituição e economia*. Fortaleza: UNIFOR, 2008.

OLIVEIRA, Marcelo Roseno de. *Direito eleitoral*: reflexões sobre temas contemporâneos. Fortaleza: ABC, 2008.

OROZCO HENRÍQUEZ, J. Jesús. Contencioso electoral y calificación de las elecciones en los Estados Unidos de América. *Justicia Electoral*: Revista del Tribunal Federal Electoral, México, v. II, n. 2, p. 28-37, 1993.

OROZCO HENRÍQUEZ, J. Jesús. El contencioso electoral, la calificación electoral. *In*: NOHLEN, Dieter *et al*. (Comp.). *Tratado de derecho electoral comparado de América Latina*. 2. ed. México: FCE, Instituto Interamericano de Derechos Humanos, Universidad de Heidelberg, International IDEA, Tribunal Electoral del Poder Judicial de la Federación, Instituto Federal Electoral, 2007.

OROZCO HENRÍQUEZ, J. Jesús. Sistemas de justicia electoral en el derecho comparado. *In*: OROZCO HENRÍQUEZ, J. Jesús (Coord.). *Sistemas de justicia electoral*: evaluación y perspectivas. México: IFE, PNUD, UNAM, IIJ, IFES, IDEA International, TEPJF, 2001.

OROZCO HENRÍQUEZ, J. Jesús. Tendencias recentes de la justicia electoral en América Latina. *In*: NÚÑEZ REYNOSO, José; BARQUERA Y ARROYO, Hermínio Sánchez de la (Coord.). *La democracia em su contexto*: estúdios en homenaje a Dieter Nohlen en su septuagésimo aniversario. México: Instituto de Investigaciones Jurídicas de la UNAM, 2009.

PAULA FILHO, Afranio Faustino de. *Sistemas de controle do processo eleitoral*. Rio de Janeiro: Lumen Juris, 1998.

PENALVA, Janaína. Justiça eleitoral, soberania popular e Constituição: algumas considerações sobre os sistemas eleitorais de apreciação de controvérsias eleitorais na América Latina. *In*: *Direito processual eleitoral*: análise e perspectivas. Brasília: Ed. UnB; ABRAMPPE, 2009. No prelo.

PEREIRA, Erick Wilson. *Direito eleitoral*: interpretação e aplicação das normas constitucionais-eleitorais. São Paulo: Saraiva, 2010.

PEREIRA, Rodolfo Viana. *Direito constitucional democrático*: controle e participação como elementos fundantes e garantidores da constitucionalidade. Rio de Janeiro: Lumen Juris, 2008a.

PEREIRA, Rodolfo Viana. *Tutela coletiva no direito eleitoral*: controle social e fiscalização das eleições. Rio de Janeiro: Lumen Juris, 2008b.

PIMENTA, José Carlos. *Processo eleitoral e controle jurisdicional*. Belo Horizonte: Mandamentos, 2002.

PINHEIRO, Maria Claudia Bucchianeri. As ações eleitorais, o momento de seu julgamento, e as conseqüências jurídicas de sentença condenatória (um estudo de caso do RO/TSE 1362). *In*: *Direito processual eleitoral*: análise e perspectivas. Brasília: Ed. UnB; ABRAMPPE, 2009. No prelo.

PINTO, Djalma. *Direito eleitoral*: improbidade administrativa e responsabilidade fiscal: noções gerais. 3. ed. São Paulo: Atlas, 2006.

PINTO, Emmanuel Roberto G. de Castro. *O poder normativo da justiça eleitoral*. Dissertação (Mestrado em Direito Constitucional) – Faculdade de Direito da Universidade Federal do Ceará, Fortaleza, 2008.

PONTES FILHO, Valmir. Constituição e legislação eleitoral: necessidade de sua permanência. *In*: VELLOSO, Carlos Mário da Silva; ROCHA, Cármen Lúcia Antunes (Coord.). *Direito eleitoral*. Belo Horizonte: Del Rey, 1996.

PORTO, Walter Costa. *Dicionário do voto*. Brasília: Ed. UnB, 2000.

PORTO, Walter Costa. *O voto no Brasil*: da colônia à 6ª república. 2. ed. Rio de Janeiro: Topbooks, 2002.

REIS, Márlon Jacinto. *Uso eleitoral da máquina administrativa e captação ilícita de sufrágio*. Rio de Janeiro: FGV, 2006.

RIBEIRO, Fávila. *Direito eleitoral*. 4. ed. Rio de Janeiro: Forense, 1996.

ROCHA, Cármen Lúcia Antunes. Justiça eleitoral e representação democrática. *In*: VELLOSO, Carlos Mário da Silva; ROCHA, Cármen Lúcia Antunes (Coord.). *Direito eleitoral*. Belo Horizonte: Del Rey, 1996.

ROCHA, José de Albuquerque. *Teoria geral do processo*. 3. ed. São Paulo: Malheiros, 1996.

ROSAS, Roberto. *Direito processual constitucional*: princípios constitucionais do processo civil. 2. ed. São Paulo: Revista dos Tribunais, 1997.

SADEK, Maria Tereza Aina. *A justiça eleitoral e a consolidação da democracia no Brasil*. São Paulo: Fundação Konrad Adenauer, 1995.

SALGADO, Eneida Desiree. *Princípios constitucionais eleitorais*. Belo Horizonte: Fórum, 2010.

SAMPAIO, José Adércio Leite. *A Constituição reinventada pela jurisdição constitucional*. Belo Horizonte: Del Rey, 2002.

SANTOS, Wanderley Guilherme dos. *O paradoxo de Rousseau*: uma interpretação democrática da vontade geral. Rio de Janeiro: Rocco, 2007.

SCHNEIDER, Marília Helena P. L. A justiça paulista e a fraude eleitoral na construção da República. *Cultura Vozes*, Petrópolis, v. 96, n. 3, p. 48-60, maio 2002.

SCHWARTZ, Bernard. *Direito constitucional americano = American constitucional law*. Tradução de Carlos Nayfeld. Rio de Janeiro: Forense, 1966.

SCOTTI, Guilherme. Sobre a possibilidade de candidatos tomarem posse no curso de pendências judiciais quanto ao resultado da eleição no sistema jurídico dos Estados Unidos da América. *In*: *Direito processual eleitoral*: análise e perspectivas. Brasília: Ed. UnB; ABRAMPPE, 2009. No prelo.

SOARES, Gláucio Ary Dillon. *A democracia interrompida*. Rio de Janeiro: FGV, 2001.

SOUZA, Marcelo Alves Dias de. *Do precedente judicial à súmula vinculante*. Curitiba: Juruá, 2006.

STRECK, Lênio Luiz. A hermenêutica filosófica e a teoria da argumentação na ambiência do debate "positivismo (neo) constitucionalismo". *In*: COUTINHO, Jacinto Nelson de Miranda; LIMA, Martônio Mont'Alverne Barreto (Org.). *Diálogos constitucionais*: direito, neoliberalismo e desenvolvimento em países periféricos. Rio de Janeiro: Renovar, 2006.

TEIXEIRA, Sálvio de Figueiredo. Reflexões, em dois tempos, sobre a justiça eleitoral brasileira. *In*: TEIXEIRA, Sálvio de Figueiredo (Coord.). *Direito eleitoral contemporâneo*: doutrina e jurisprudência. Belo Horizonte: Del Rey, 2003.

TELLES, Olivia Raposo da Silva. *Direito eleitoral comparado*: Brasil, Estados Unidos, França. São Paulo: Saraiva, 2009.

THOMPSON, José. Reforma electoral en América Latina: tendencias y perspectivas. *Cuadernos de CAPEL*, San José, Costa Rica, v. 54, p. 13-23, 2008.

TSE bate recorde e anuncia novidades. *Gazeta Mercantil*, São Paulo, edição de 31 de outubro de 2006, editorial de política, p. A-11.

TUESTA SOLDEVILLA, Fernando. Un debate pendiente: el diseño garantista de los organismos electorales. *In*: NÚÑEZ REYNOSO, José; BARQUERA Y ARROYO, Hermínio Sánchez de la (Coord.). *La democracia en su contexto*: estudios en homenaje a Dieter Nohlen em su septuagésimo aniversario. México: Instituto de Investigaciones Jurídicas de la UNAM, 2009.

VALLADARES MOYANO, Carmen Gloria. Resultados electorales ajustados: un desafío para las democracias electorales de América Latina: lecciones aprendidas desde la perspectiva de la organización electoral: el caso chileno. *Cuadernos de CAPEL*, San José, Costa Rica, v. 52, p. 29-39, 2008.

VELLOSO, Carlos Mário da Silva; AGRA, Walber de Moura. *Elementos de direito eleitoral*. São Paulo: Saraiva, 2009.

VIANNA, Luiz Werneck; BURGOS, Marcelo Baumann; SALLES, Paula Martins. Dezessete anos de judicialização da política. *Tempo Social*: Revista de Sociologia da USP, São Paulo, v. 19, n. 2, p. 39-85, nov. 2007.

VISCARDI, Cláudia M. R. Aliança "Café com política". *Nossa História*, Rio de Janeiro, ano 2, n. 19, p. 44-47, maio 2005.

ZILIO, Rodrigo López. *Direito eleitoral*. Porto Alegre: Verbo Jurídico, 2008.

ZOVATTO, Daniel. Dinero y política en Latinoamérica. *In*: NÚÑEZ REYNOSO, José; BARQUERA Y ARROYO, Hermínio Sánchez de la (Coord.). *La democracia em su contexto*: estúdios en homenaje a Dieter Nohlen em su septuagésimo aniversario. México: Instituto de Investigaciones Jurídicas de la UNAM, 2009.

ZOVATTO, Daniel; OROZCO HENRÍQUEZ, Jesús. *Reforma política y electoral en América Latina 1978-2007*: lectura regional comparada. México: Instituto de Investigaciones Jurídicas de la UNAM, 2007.

Esta obra foi composta em fonte Palatino Linotype, corpo 10,5
e impressa em papel Offset 75g (miolo) e Supremo 250g (capa)
pela Gráfica e Editora O Lutador.
Belo Horizonte/MG, agosto de 2010.